用爱点燃希望
——湛江社会工作实务探索

张　勇◎主编　蔡炯豪　谢正富◎副主编

中国经济出版社
CHINA ECONOMIC PUBLISHING HOUSE
北 京

图书在版编目（CIP）数据

用爱点燃希望：湛江社会工作实务探索 / 张勇主编
. --北京：中国经济出版社，2022.9
ISBN 978-7-5136-7059-3

Ⅰ. ①用… Ⅱ. ①张… Ⅲ. ①社会工作-研究-湛江
Ⅳ. ①D632

中国版本图书馆 CIP 数据核字（2022）第 153099 号

责任编辑　叶亲忠
责任印制　马小宾
封面设计　华子图文

出版发行　中国经济出版社
印 刷 者　河北宝昌佳彩印刷有限公司
经 销 者　各地新华书店
开　　本　710mm×1000mm　1/16
印　　张　13.75
字　　数　210 千字
版　　次　2022 年 9 月第 1 版
印　　次　2022 年 9 月第 1 次
定　　价　88.00 元
广告经营许可证　京西工商广字第 8179 号

中国经济出版社　**网址** www.economyph.com　**社址** 北京市东城区安定门外大街 58 号　**邮编** 100011
本版图书如存在印装质量问题，请与本社销售中心联系调换（联系电话：010-57512564）

编 委 会

前　言

社会工作最早发源于西方国家的慈善和济贫事业，在发达国家已有100多年的历史，现已成为世界各国和地区解决社会问题、完善公共服务和社会管理的重要制度安排。我国也早在20世纪20年代就开始引入社会工作。一般认为，社会工作是秉持利他主义价值观，以科学知识为基础，运用科学的专业方法，帮助有需要的困难群体，解决其生活困境问题，协助个人与其社会环境更好地相互适应的职业活动。社会工作在本质上是一种职业化、专业化的助人助己的活动，用专业化方法以协助个人、群体、社区去强化或恢复能力，以发挥其社会功能，并创造有助于达成其目标的社会条件。斯基摩尔（Skidmore）在《社会工作导论》中提出，社会工作是一种艺术、一种科学，也是一种专业，其目的在于促使个人、群体和社区之间的关系达到令人满意的状态。

21世纪是一个“文明大转换”的世纪，我们正在经历并将进一步深刻体验着21世纪的大变革：社会成分日益复杂、社会结构再度调整、社会利益重新分配、社会生活急剧变化。社会工作者广泛分布在社会福利、慈善事业、社会救助、社区建设、卫生健康、应急处置、矫治帮教、禁毒戒毒等领域，通过综合运用专业知识、技能和方法，帮助有需要的个人、家庭、组织和社区，整合社会资源，协调社会关系，预防和解决社会问题，恢复和发展社会功能，已经成为服务保障民生、加强基层治理、促进社会和谐的一支重要专业力量，在打赢脱贫攻坚战、实施乡村振兴战略、抗击新冠肺炎疫情等重大任务中均有出色表现。

早在2006年党的十六届六中全会就做出建设宏大的社会工作人才队伍的决策部署。2010年《国家中长期人才发展规划纲要（2010—2020年）》，将社会工作人才队伍建设纳入国家6支主体人才队伍建设范围。2011年中央18部委联合印发了《关于加强社会工作专业人才队伍建设的意见》，2012 年中央 19 部委联合印发了《社会工作专业人才队伍建设中长期规划（2011—2020 年）》。“十三五”期间，全国社会工作专业人才总量达到 157.3 万人，其中持证社会工作者 66 万人；开发设置社会工作专业岗位超过 44 万个，各级成立社会工作服务机构超过 1.3 万家。2021 年《国务院关于落实〈政府工作报告〉重点工作分工的意见》（国发〔2021〕6 号），提出夯实基层社会治理基础，健全城乡社区治理和服务体系，要“大力发展社会工作，支持社会组织、人道救助、志愿服务、公益慈善发展”。

广东省作为改革开放的前沿，经济社会条件发展相对较快，其利用毗邻港澳的区位优势，秉承勇于改革的传统，在实践中先行先试，进行了多样而有序的探索，社会工作呈现急速发展的态势。2011 年 8 月，广东省正式设立“社会工作委员会”，主任由广东省委副书记担任，成员由省委、省政府 24 个职能部门人员组成，下属各市、县（区）也相应成立社会工作机构，截至 2012 年底，广东省下属各市、县（区）均已成立社会工作委员会。2009 年 8 月，广东省民政厅新增社会工作处作为社会工作主管部门，各市、县（区）民政部门也相应设立了社会工作职能部门。2010 年 3 月成立了由广东省民政厅主管，具有专业性、独立性的民间社会团体“广东省社会工作师联合会”，各地也成立了由民政部门业务指导的社会工作行业协会，如广州、深圳、东莞、珠海等社会工作行业协会。总的来看，不论是社会工作的探索实践，还是在社会工作的人才培养方面，广东省都走在了全国的前列。广东省将“兜底民生服务社会工作双百工程”打造为重点民生工程，截至目前，累计服务各类民政对象 38387 人，直接服务 130 万人次。

湛江市地处粤西，旧称“广州湾”，别称“港城”，位于中国大陆最南端、广东省西南部。湛江市总面积 13263 平方千米，下辖 4 个市辖区、3 个县级市、2 个县，共有 82 个镇、2 个乡、37 个街道、307 个居委会、1636 个村委会。截至 2020 年底，湛江市户籍人口 859.58 万人，常住人口 698.07 万人。其中，居住在城镇的人口为 317.34 万人，占 45.46%；居住在乡村的人口为 380.73 万人，占 54.54%。湛江市是广东省域副中心城市，是粤西和北部湾城市群中心城市、全国首批沿海开放城市、首批“一带一路”海上合作支点城市、首批全国海洋经济创新发展示范城市，目前正加快打造现代化沿海经济带重要发展极。但相对于广东省其他城市而言，湛江市经济社会发展不平衡现象也是毋庸置疑且不能忽视的。在社会工作实践探索过程中，尽管面临着经济社会发展条件的制约，但湛江社工人用自己的情怀和专业给湛江社工事业添上了浓墨重彩的一笔。目前，湛江市有尚义社会工作服务中心等民办非企业专业社会工作服务机构 15 家，持证社会工作者 400 余人。湛江有着良好的人才培养环境，2006 年岭南师范学院（原湛江师范学院）开办社会工作本科专业，湛江全日制本科专业社会工作人才培养发展走过了 16 年的历程，在全国处于领先地位。驻湛高校社会工作教育为广东省特别是珠江三角洲输出大量的优秀社会工作人才。湛江社会工作者在禁毒社工领域、社区矫正领域、民政领域、未成年保护领域等多个领域，进行长期的、有效的探索。

近年来，湛江社工界积极投身到粤西基层治理现代化、精准扶贫、乡村振兴等国家战略的大潮中，他们坚持实干兴邦，用自己的双手和汗水前赴后继地谱写着湛江社工事业的新篇章，用自己的心灵和智慧润物细无声地感染着最需要帮助的人。社会工作是一项极具实践性的职业，在实践中干、在实践中学、在实践中提升是社工的特色。但社工实践也亟须理论的引领，实践经验也需要理论的提升。实践经验的总结与提升，不仅是推动社工实务的需要，而且是社工“行动研究”的重要环节。基于此，在湛江市民政局的大力支持下，我们将近年来湛江市社工人所做的具有代表性的实践案例进行归纳与总结，以期给实务界带来启发的同时，也期望能使社工实务具有更高的“理论气质”。

在编撰的过程中，编撰者被感动的时候太多太多，被我们社工人感动，也被我们社工的服务对象感动。大家都说社会工作是一个充满爱的事业，是充满激情的事业，更是一项充满希望的朝阳事业。在实践中，社工人高擎着大写的“人”，在最困难的时候、在最需要的地方播洒爱。他们很多都是将自己人生最年轻、最充满活力的 10 年、20 年献给了自己热爱的社工事业，在社会最基层顽强地坚守着一颗爱心。本书编撰的目的，是对可敬社工人的褒奖，也是对这种洒爱行为的纪念。

德国存在主义哲学家雅斯贝尔斯在《什么是教育》中说，“教育意味着一棵树摇动另一棵树，一朵云推动另一朵云，一个灵魂唤醒另一个灵魂”。我想我们社工人正是在用自己的汗水和智慧，对“什么是教育”做了一个最好的诠释，从事的是与教育一样伟大和神圣的事业。期望我们社工界同仁在实现中华民族伟大复兴、在建成社会主义现代化强国的时代巨浪里砥砺前行，特别是期望我们湛江社工人将社工故事讲好，将湛江的社工事业发展好。

岭南师范学院　张勇

2022 年 4 月

目　录

上篇　基层治理：社会工作在行动

中篇　家庭和谐：社会工作在努力

下篇　社会救助：社会工作者在洒爱

上 篇

基层治理：社会工作在行动

篇首语

本篇围绕"编织社区爱心网，社会工作在行动"这一主题，选择了吸毒人员社区康复、特困家庭救助、独居老人照护、社区430课堂建设运行等5个案例。本篇的服务对象有老人、中年人、儿童、残疾人，服务对象共性的问题是依靠自己几乎不可能满足自己的需求。比如生活上不太会照顾自己的独居准高龄老人，同时他还有情感需求，需要社交和陪伴；还有家庭功能缺失的困境家庭、身患重病的戒毒人员、需要课业辅导的儿童等。这些需求的满足，亟须构建一个以社区为平台的社会支持网，也可以称为"社区爱心网"。作为社会工作者，在充分进行社区资源调查之后，发现并挖掘社区内部资源，同时考虑链接社区内外部资源，将社区内外的资源整合起来，为生活在社区里的人们特别是那些资源匮乏的特殊群体提供社会支持。

社会工作者的政策能力是其专业能力的重要组成部分。在编织"社区爱心网"的过程中，政策的解读、政策的宣传、政策的传递执行无疑是社会工作者可以凭借的强大工具。比如低保政策、医保政策、教育救助政策、医疗救助政策、临时救助政策等。这些政策可以为社会工作者服务对象的生活提供兜底性保障。国家的各项社会政策是"社区爱心网"的纲，是坚实的依托。

"社区爱心网"的成功构建和有效运行，离不开社区居委会、社区社会组织、社区志愿者、社区社会工作者、社区商业企业、社区驻区单位等行动主体的积极参与。如何调动社区各个行动主体的积极性，提升他们的社区认同感、归属感是关键。认同感是以体验为基础的，只有参与才会产生体验。因此，社会工作者通过策划设计有吸引力的活动，鼓励社区各行动主体参与，就显得非常重要了。

社区志愿者是"社区爱心网"运行的重要支撑和保证。充分挖掘志愿服务资源，是社会工作者永恒不变的目标。特困家庭的孩子教育需要志愿者，生活照顾需要志愿者，社区430课堂需要志愿者，独居老人陪护需要志愿者，社区禁毒教育宣传需要志愿者。社会工作者要将志愿者引导好、培育好、管理好，让志愿者成为社会工作者最好的协助者和合作者，让"社工+志愿者"携起手来、合作起来，这样才能保证"社区爱心网"的良性运转，才能保证他们的服务对象得到更好的服务。

案例一：用家庭筑起社会平安基石

——湛江市“平安家庭”普法小剧场

湛江市尚义社会工作服务中心　陈晓航、黄连娣

一、背景介绍

家庭是社会的细胞，妇女是家庭的细胞核。提升妇女的权益和家庭幸福感是创建和谐家庭的基础。然而，“家暴”问题、婆媳问题、夫妻问题、亲子教育问题等都在不同程度上给妇女带来压力，甚至危害妇女的权益。如何提高妇女的权益，国家和政府制定相关的法律来保护女性权益。由于受教育程度较低以及被家庭束缚，大部分农村妇女对国家的相关法律较为陌生，维权意识较为薄弱。因此，在湛江市妇联、广东妇女维权与信息服务站、吴川市妇联的指导下，湛江市尚义社会工作服务中心从家庭入手，围绕多个主题开设了“平安家庭”普法小剧场，旨在通过剧本演绎的形式来进行法律传播，提升妇女自主意识，促进家庭沟通，提升家庭关系，促进社会和谐。

二、分析预估

（一）问题分析

吴川调研小组得到的相关调研报告数据显示，妇女了解与她们相关的权益保护法律的人数不足10%，法律知识的普及率极低，法律意识较为薄弱，维权意识不强，急需进行普法活动；除此之外，妇女认为婆媳关系是影响她们幸福感的一大因素，但在处理婆媳关系上缺乏相关的沟通技巧。

（二）需求预估

1. 法律意识提升

近年来，各种有关婚姻暴力的恶性事件频频发生，国家也出台了相关

的法律保护妇女权益。然而，妇女特别是农村妇女对于相关的法律不熟，急需普及《反家庭暴力法》《妇女权益保障法》《民法典》《宪法》等相关的妇女权益保护法律。

2. 维权意识加强

妇女在权益受到侵害时，由于维权意识的欠缺往往只能“逆来顺受”。我们在演出过程中，运用社会工作小组工作方法，让妇女对自身权益有具体化的理解，并提供相关的法律咨询服务，让妇女学会利用外界力量，更好地维护自身的合法权益。

3. 婆媳关系调节

婆媳矛盾是影响家庭整体关系的重大因素。如何处理好婆媳关系是提升妇女家庭地位和幸福感的重要环节。学习相关的沟通技巧，能让家庭中最重要的两个“女人”和谐共处，婆媳关系得以改善，从而提高家庭幸福感。

三、服务计划

（一）理论模式

本次活动基于“萨提亚家庭结构治疗模式”，结合 5 个主题 8 场演绎活动来加强家庭成员沟通和互动，调节婆媳关系、夫妻关系和亲子关系，提高妇女幸福感，构建幸福美满的家庭。

（二）具体目标

通过剧本演绎将家庭矛盾生动具体地呈现在观众面前，旨在让观众站在旁观者的角度对剧本进行评价，同时通过互动来引起观众的反思，对于自己家庭进行反思。通过不同的主题对维护妇女权益的相关法律进行宣传，提高受众的法律意识，提升妇女权益意识，加强家庭沟通，提升妇女整体幸福感，构建和谐家庭。

（三）服务策略

构建“妇联+社会工作者+志愿者”联动模式（见图 1-1），建立完备的项目运作模式。吴川市妇女联合会向湛江市尚义社会工作服务中心进行服务购买，由尚义机构的社会工作者团队全权负责项目运作，机构聘请专职督导提供专业指导。各级妇联配合协办，县、市、区妇联和街道/镇妇联提供支持，村/社区妇联与社会工作者合作共同推进活动。

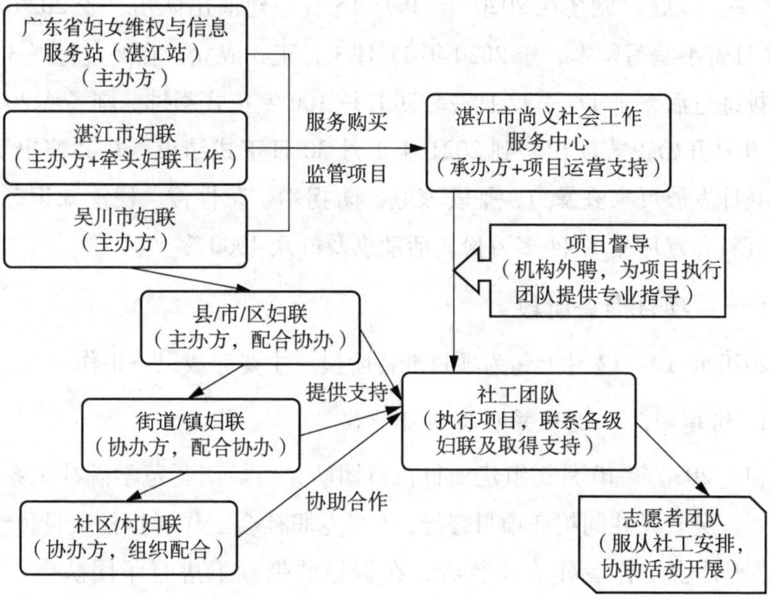

图 1-1　“妇联+社会工作者+志愿者”联动模式

（四）服务程序

服务程序见表 1-1。

表 1-1　服务程序

阶段	内容	时间
准备阶段	组建团队	2020 年 10 月
	确定剧本	2020 年 10—12 月
	道具购买、志愿者招聘	2020 年 11 月初
	剧本排练、联系演出场地	2020 年 11 月中下旬
实施阶段	演出（8 场）	2020 年 12 月至 2021 年 1 月
总结评估阶段	演出效果评估	2021 年 1 月下旬
	指标完成情况总结	
	报告撰写	2021 年 2 月中旬

四、服务实施过程

“平安家庭”剧场在 2020 年 10 月 15 日组建演出队伍，于 2020 年 10 月 17 日着手编写剧本，于 2020 年 11 月 3 日正式成立，在经过将近 3 个星期的排练过后，于 11 月 22 日在教四 E 栋 106 室正式彩排。剧场从 2020 年 12 月 9 日开始正式演出，到 2021 年 1 月 30 日正式结束，总共演出 8 场。活动共计发放反家庭暴力、平安家庭、防拐卖、防性侵、民法知识等各类宣传资料和宣传品 1.44 多万份，活动惠及群众 4000 多名。

（一）项目准备阶段

2020 年 10—12 月上旬为项目准备阶段。主要完成以下工作：

1. 组建团队，规划并明确项目进程

（1）2020 年 10 月初组建项目执行团队，由岭南师范学院社工系教师贺光耀、吴金凤共同担任项目督导，1 名专职社会工作者担任项目负责人，3 名助理社会工作者作为执行者，在督导的带领下进行了团队内部初步分工。

（2）2020 年 11 月上旬，项目负责人做好工作计划，规划项目细致进程。由 1 名固定成员负责对外联系，并提前与项目实施社区联系，了解项目实施社区的基本情况。

（3）2020 年 11 月下旬通过招募校内外志愿者组成后备成员，并由 1 名固定工作人员负责管理。

2. 确定剧本

2020 年 10—12 月初已对“平安家庭”普法小剧场剧本进行了长达两个月的研发和改写，湛江市妇联、吴川市妇联及项目督导在此过程中多次提供方向性和经验性的专业指导，使剧本得到不断的完善，随后，由项目执行团队负责人及导演组织演员团队根据剧本进行排练。

团队以本项目目标和主题为引领，结合项目实施社区的基本情况，将法律知识与应用戏剧相结合，结合服务对象为妇女群众的特点和改进群体目前的普法情况来研发剧本。剧本以夫妻关系、婆媳矛盾、预防性侵、民法、反家庭暴力法、禁毒宣传、妇女权益为主题，以寻找贴近妇女、家庭日常生活的故事为素材，再由项目团队整理剧本素材，并不断完善剧本。

3. 准备服装和道具

根据剧本的需要，宣传组和物资组准备相对应的服装以及道具。

4. 戏剧排练

编剧兼导演负责安排戏剧排练的进程，期间不定期邀请上一年该项目的演员们或今年的项目督导指导排练，待他们给出相对应的指导后，再进行总结以及对戏剧合理性等方面的修改。

（二）项目实施阶段

2020年12月上旬到2021年1月下旬为项目直接实施阶段。主要完成以下任务：

1. 平安家庭普法小剧场项目在湛江吴川市的8个镇街（村庄）开展巡演活动

小剧场将涉及夫妻关系、婆媳关系、预防性侵、妇女权益法、反家暴法、民法、禁毒知识等典型个案，并到吴川各地巡回演出，让妇女对家庭关系有具体化的理解，学会如何利用外界力量及自身能力更好地维护妇女合法权益，妥善处理婚姻家庭危机。另外，为了充分发挥活动效用，剧本、演员以及活动安排时间会根据当地人文环境进行动态调整。

2. 社区普法宣传与维权知识宣传

在剧场表演开始前，平安家庭小剧场项目执行团队通过摆放反家庭暴力、预防儿童性侵、禁毒知识等的宣传展架，以直观的形式向参与者宣传法律知识。除此之外，剧场志愿者还会向参与者发放并讲解《反家庭暴力法》《保护妇女婚姻家庭权益法律知识》《防性侵》等法律知识宣传手册，帮助参与者更好地了解重点法律内容。

3. 妇女维权剧场深入剖析夫妻关系、婆媳关系

我们在剧场演绎结束后，注重通过以剧情为基础来对参与者进行采访，采访重点在于引导现场参与者分享自己处理家庭关系问题的经验和收获，并学会用法律武器维护自己的合法权益，尤其是在自己或者是周围的人遭遇家庭暴力时。在处理婆媳关系上，我们则更侧重于现场妇女的分享，从而引导她们意识到婆媳之间互相尊重、互相关怀和平等对待的相处

之道。

4. 儿童维权剧场讲解预防性侵知识、拥有融洽的亲子关系的方法

根据每场活动参与人群的不同，我们剧场表演的侧重点也会有所不同，如当参与人群以儿童为主时，我们将剧场表演侧重在亲子关系和预防儿童性侵的演绎，并深入探讨在亲子关系中出现问题和遇到性侵时应对方式。在儿童遭遇性侵的演绎中，一方面通过主持人与在场儿童的互动，直接明了地向小朋友指出哪些部位不能让陌生人触摸，增强儿童的预防性侵知识；另一方面以剧情为基础，与现场妇女家长探讨儿童如何避免遭遇性侵害，引导意识到家庭安全教育、家庭关系和谐以及亲子关系融洽的重要性，从而促进家庭和谐，提升妇女处理家庭关系问题的能力。

5. 做好联系工作，确保活动的顺利开展

在每场活动开始之前，各工作组根据对外联系到的活动场地的信息有序地进行各项工作的筹备，确保活动的顺利开展。

6. 在实施阶段遇到问题集思广益，积极解决实践难题

团队在实施过程中遇到问题会召开会议，集思广益共同寻求解决办法。会议中认为是团队不能解决的问题时，会积极寻求项目督导和机构的帮助。在各方的帮助下，整个团队克服各种困难并随着活动的开展不断成长，活动开展得也越来越好。

（三）项目总结阶段

2021 年 1 月下旬到 2 月末是项目的总结阶段。项目团队召开总结会议，对项目执行情况进行总结，并对项目总结工作进行分工，撰写项目结项报告，向出资方提交结项报告，并向出资方汇报项目开展的整体情况，分享及传播项目经验。

五、总结评估

本次项目效果评估采用基线测量、目标实现程度测量和介入影响测量 3 种方法。根据前后婆媳沟通的次数变化对介入效果进行评估；通过问卷及访谈的形式检测剧场目标的实现程度；通过剧场的形式给妇女群众带来的变化进行影响力测量。

（一）项目目标达成度高

“平安家庭”普法小剧场通过自编自导演绎平安家庭故事，将《宪法》《反家庭暴力法》《妇女权益保障法》《民法典》《中华人民共和国治安管理》等法律知识融入其中，剧场中“瘦骨强”和“阿芬”携手呈现家庭暴力案件的发生、发展、处理过程，使观众在观看演出的同时，知道什么是家庭暴力、家庭暴力的范围、怎样预防家庭暴力等。剧中人物形象生动的演绎，让群众直观地意识到家庭暴力的危害，学会了正确处理夫妻、婆媳、亲子关系，提升了妇女婚姻家庭纠纷调解能力，增强了妇女群众的自我维权意识。

普法宣传与“平安家庭”创建相结合，与当地文化、家庭同乐相结合，这是妇联积极参与社会治理工作的创新举措。鼓励基层妇联创新工作方式和方法，寓教于乐，让市民轻松学法，打造法律与维权知识宣传的特色品牌，提升全民法律素养。

本次项目深入到湛江市吴川市的 8 个社区开展巡演活动，在剧情中贯穿《反家庭暴力法》《民法典》《妇女权益保障法》《未成年人保护法》《宪法》《中华人民共和国治安管理》内的一些重要的法律条文及其他法律知识，通过送戏下乡的方式基本实现对广大妇女群众普及相关法律知识的目标；另外，剧本中加入了夫妻关系、婆媳关系、亲子关系和女性意识觉醒部分的演绎，同时通过在剧场间穿插与观众的互动环节，以提升妇女群众处理家庭关系的能力，项目的目标已总体达成。据统计，“平安家庭”普法小剧场共吸引 4000 多名群众，派发宣传资料、宣传品 1.44 余万份。

（二）反响热烈

1. *活动现场观众积极投入，气氛热烈*

在每一幕的剧场表演中，观众都专注投入剧情之中，心情跟随剧情发展起伏，并表示有被表演给触动到。观众对演员的精彩演绎给予充分的鼓励和支持，现场常常掌声不断，同时积极举手配合主持人的提问，气氛热烈。演出后，观众表示通过剧场的演绎让自己对法律知识有了深入了解，对团队给予高度的赞扬，夸奖演员演技高超，同时观众也会积极配合项目工作人员做观看后的小采访。

许多观众在采访中表示：“这个小剧场很有意思，我感觉学到了很多东西，希望你们再来。”有老人看完剧场表演后，跟工作人员说，勾起了之前的回忆，如果以前有这种剧场就好了；也有一些妇女给予“团队表演得很像、很厉害”等的夸奖。一些场次团队成员即将离开的时候，还会有一些孩子站在车子后面依依不舍。这无不表示出观众对小剧场的欢迎和喜爱。

2. 各级妇联干部积极配合与反馈

在这 8 场活动的进行过程中，本项目的演出效果和宣传力度都受到了各地区各级妇联干部的一致好评。妇联干部不仅在演出前给予团队许多帮助，减少了团队在布置场地方面的许多阻力，而且在表演后给予小剧场高度评价，并且强烈表示可以加场到当地更多的村落去宣传普法，村民十分需要这种知识。在巡演的时候，各级妇联通过公众号等形式对我们的小剧场进行宣传，将普法小剧场推向更多的群众。

“平安家庭”普法小剧场项目通过剧场的形式演绎家庭中夫妻关系、婆媳关系、亲子关系，从家庭生活中的小问题入手，以小见大，促使广大妇女深入了解法律内容，学会运用法律维护自己的合法权益，同时提升妇女在处理家庭问题上的能力，也使得孩子从小建立自我保护意识，具备法律意识。本项目在吴川市完成了 8 场巡回演出，演出后的观众满意度评估表统计显示，96.5%的观众对活动内容感到满意，希望多开展该类项目。同时，部分当地领导更表示出对该项目下乡的高度重视，希望剧场活动能在当地再次开展，农村更需要专业的宣传教育，通过开展剧场活动，妇女儿童也能学到很多东西。

六、专业反思

在案例服务过程中，面临的最大问题是语言障碍。吴川市地方语言比较多，在塘头社区的场次，部分台下的观众会表示听不懂粤语版本，而团队承接的是粤语版本的剧场，演员表演以粤语为主要语言，存在语言接收障碍。因此，在此地的表演效果不太好。但是在主持环节，主持人意识到语言障碍，及时转换为普通话主持并简要介绍了剧场内容，有效地传递了剧场主题。对于语言障碍这种情况，我们建议，应该在前期沟通环节，及时了解表演场地的主要方言，调整对应的表达方式，便于观众理解剧场主题。

点评

该案例具有代表性，是当前政府购买服务较为典型的方式，该案例成功完成预期设定目标，在一定意义上也是在探索社工介入政府服务项目的路径与合作模式。案例内容为平安小剧场，也体现了社会工作助力基层社会和谐的重要空间和领域，是一个很值得开拓的领域。面对基层社会治理的新局面和新需求，可以预期今后会有更多的社工项目服务于基层治理实践。从案例描述来看，该项目取得了良好的效果，也反映了社工服务的专业性和实践能力。

但本案例撰写过程过于简略，具体实施过程不够细致。反思部分，仅仅反思了项目的实际效果问题，对服务案例实践的理论反思不够。

案例二：不离不弃，爱心助力

——社区戒毒（康复）人员帮扶帮教个案案例

湛江市同创社会工作服务中心　曾叶娣

一、背景介绍

（一）基本情况

服务对象阿发（化名），徐闻县城北乡人。阿发出生于 1972 年 3 月，男性，初中学历，未婚，无固定职业。2006 年 11 月，阿发和一群朋友在酒吧玩，因为对毒品的危害一无所知，在好奇心的驱使和朋友的怂恿下，吸食了第一口海洛因，染上了毒瘾。2006 年 12 月，阿发因吸毒被行政拘留 15 天。2012 年 3 月，受毒友的影响，阿发再次因吸毒被行政拘留，拘留期满后被责令强制隔离戒毒两年。因为心瘾难戒，2015 年阿发再次被强制隔离戒毒两年。出所后，阿发于 2018 年 11 月第三次被责令强戒两年，2020 年 10 月期满，被责令执行社区康复。2021 年 2 月，阿发被确诊为“鼻咽癌”，急需进行放疗与化疗，需要巨额费用。

（二）身体状况

因为家境贫寒，阿发自幼身体不够强壮，加上毒品的长期危害，身体状况很差，遭受着癌症的折磨。

（三）心理状态

因交友不慎，染上毒瘾后，内心有很深的自卑感。被确诊为“鼻咽癌”后，阿发精神接近崩溃的边缘，对生活和未来失去了信心和希望。

（四）家庭情况

阿发家境贫寒，其父母一直以务农为生，目前都是年过七旬的老人，年迈多病。父亲眼睛几乎失明，生活难以自理；母亲的腿有严重的风湿病，行走困难。两位老人常年需要药物维持治疗。阿发兄弟姐妹 4 个，其排行老三，大姐、哥哥、弟弟均已成家，家境一般。阿发和家人相处和睦，一家人都很关心、关爱、接纳他。

（五）人际交往

阿发性格比较内向，家里的亲戚不多，大多数都很关心他，愿意支持、帮助他。他在社会上的朋友也不多，他最好的朋友阿华（化名），目前承包了一大片园地种植农作物。阿华经常劝说他、教育他。

（六）社区环境

阿发所在的社区民风淳朴，村民并没有因为他吸毒而歧视他。在他生病时，大家都及时伸出了援助之手。村两委干部十分关心阿发的处境，经常给他做思想工作，帮助他申请低保、大病救助、帮扶资金等。

（七）政策支持

国家针对戒毒康复人员，陆续出台了相关政策，要求民政局、人社局、社会组织等各部门对戒毒康复人员实施帮扶救助，帮助他们更好地回归家庭、回归社会。

二、分析预估

（一）问题分析

1. 生计问题

阿发从强制戒毒所出来后，因为患病导致身体虚弱，无法从事生产劳动，没有经济来源，无法维持基本的生活需要。

2. 健康问题

服务对象阿发被确诊为“鼻咽癌”，如果不及时医治，生命安全将受到严重威胁。

3. 心理问题

服务对象阿发因性格、毒品、疾病的影响，产生了严重的心理问题。

4. 复吸风险

到目前为止，服务对象阿发曾因吸毒被执行 3 次行政拘留、3 次强戒，如果意志不坚定，或受毒友的影响，随时都有复吸的风险。

（二）需求分析

针对服务对象存在的问题进行预估，需要解决以下四个方面的需求：

（1）解决他的生存问题。

（2）多渠道协助筹措医疗费用，确保对其尽快实施医治。

（3）心理辅导和心理干预，打消其消极念头，树立正向的、积极的信念。

（4）及时跟踪、及时掌握他各方面的动态，防止其复吸。

三、服务计划

（一）理论模式

1. 人本主义理论

人本主义理论主张从人的直接经验和内部感受来了解人的心理，强调人的“自我感念”，认为人的自我实现和为了实现目标而进行的创造是人的行为的决定因素。

2. 情绪 ABC 理论

埃利斯提出的情绪 ABC 理论是认知理论的重要组成部分。A 表示诱发性事件；B 表示个体对此诱发事件产生的信念，即对这件事的一些看法、解释；C 表示由 B 引发产生的情绪和行为的结果。

3. 认知行为理论

认知行为理论认为人在不断处理从本身内部和环境外部所获得的信息，并将其解读为如何适应社会环境和追求个人生存意义的行动依据。认知和行动两者是相互影响、相互决定的，通过改变个人的认知可以改变其行为。

4. 优势视角理论

优势视角理论认为个人、群体、社区、组织都有其内在的能力，是着眼于个人的优势，以利用和开发人的潜能为出发点，协助其从挫折和不幸的逆境中挣脱出来，最终达到其目标，实现其理想的一种思维方式和工作方法。

5. 任务中心模式

任务中心模式相信服务对象有解决其问题的能力与潜能，强调服务对象本身的能动性，旨在协助个案解决问题。任务中心模式不讨论问题的起源和发展，而是致力于探知问题的阻力和助力，以协助个案清楚界定问题，了解问题解决的资源和障碍，把服务介入的焦点集中在为服务对象提供简要有效的服务上，希望帮助服务对象在有限的时间内实现自己所选定的明确目标。

（二）服务目标

（1）协助服务对象申请最低生活保障金，维持其基本的生活。

（2）链接联动多部门资源，帮助服务对象筹措医疗费用，顺利进行手术。

（3）对服务对象开展心理康复工作。

（4）协助服务对象巩固戒断期，防止复吸。

（三）服务策略

（1）与服务对象建立平等、尊重、信任的专业关系。

（2）链接资源，筹措医疗资金。

（3）通过量表检测和个案面谈，改变其错误认知，增强抗逆力，促进其思想、行为的改变。

（4）强化社区康复协议效能，树立履行协议的自觉性，加强法制教育。

（四）服务程序

（1）依据《广东省禁毒条例》，落实服务对象出所衔接工作，建立专业关系。

（2）开展建档、走访、谈心谈话等工作。

（3）了解、熟悉国家相关法律法规，启动正式支持网络，协助服务对象申请低保、大病救助等。

（4）运用非正式支持网络，多角度开展帮扶帮教工作。

四、实施过程

（一）建立专业关系

在个案介入前期，社会工作者需要做的是与服务对象建立良好的专业关系，搜集服务对象相关资料，发现其潜在的问题与需求。这期间，社会工作者以平等、尊重、同理、接纳的心态与服务对象进行交流和沟通，为其创造和谐、信任、舒适的服务环境。

在这个案例中，社会工作者在服务对象出所之日，依据有关的文件规定，到戒毒所对其实施无缝衔接，把服务对象接回社区戒毒康复中心报到，签订《社区康复协议》，告知其权利和义务，以倾听、专注、同理等态度与服务对象进行面谈，与服务对象一起探讨存在的问题，一起制订服务计划，取得了服务对象的信任，为后续工作的开展奠定了良好的基础。

（二）协助申请低保

服务对象阿发出来后，因身体状况很糟糕，不会从事脑力劳动，也无法从事体力劳动。其父母又年老体迈，自身都无法照料，更无法维持阿发的日常生活。针对这种情况，社会工作者在村委会书记的协助下，帮助其顺利申请了低保，让阿发的基本生活得到了保障。

（三）开展暖心行动

吸毒者既是违法者，又是受害者、患者。他们既有因毒品对他们的身体、精神、意志的摧残而产生的自卑、自暴、自弃心理，又渴望他人对自己理解与尊重，向往美好生活。在与服务对象阿发交流沟通过程中，社会工作者积极聆听，表达关注和关心，并配以量表实施有效测量，全面了解他的心理状况和动态。在其患病后，心理遭受了严重打击，心灰意懒。社会工作者运用人本主义理论，引导服务对象正确看待人生路上的挫折与坎坷，正视现实，积极面对；运用认知行为理论，改变服务对象的错误认知；运用优势视角理论，引导其挖掘自身的潜能与优势，激发他树立生活的信心与看到生活的希望。发动村委会干部经常上门探访，询问其生理、心理、生活等各方面的情况，帮助解决实际困难。发动其亲朋好友多多关心、鼓励、支持他。

（四）链接资源帮扶

2021 年 2 月，服务对象阿发在湛江市附属医院被确诊为“鼻咽癌”，需要尽快实施放疗与化疗，需要大笔医疗费用。

社会工作者得知情况后，积极发挥资源链接者的作用，链接资源、多方联动，积极筹措医疗费用。首先，与村两委干部一起，发动服务对象的亲朋好友、村民积极捐款，伸出援助之手；其次，向乡政府申请大病救助，乡政府审核通过后，再递交县民政局审批；最后，由村委会召开村民会议，讨论使用集体资金帮扶。在大家的齐心协力之下，阿发于 2021 年先后顺利实施了多次放疗与化疗手术。现在，阿发的身体正在慢慢康复。

（五）开展法制教育

服务对象是社区康复人员，根据有关法律法规，先对他执行 3 年动态管控。在日常工作中，社会工作者经常向他讲解国家的有关法律法规，引导他深刻认识到毒品对个人、对家庭、对社会、对国家的严重危害，告诫其远离曾经的毒友圈，建立正能量的朋友圈，帮助其坚定戒断毒瘾的信心、决心和意志，逐步树立正确的人生观、价值观、世界观。

五、总结评估

（一）评估方法

社会工作者运用观察法、访谈法、量表法等方式，对服务对象的生理、心理、人际交往、戒毒表现等方面进行过程评估和成效评估，发现服务对象目前虽然还在进行药物维持治疗，但已走出了心理和生理困境，坚定了戒毒的信念，基本生活得到了保障。

（二）服务成效

1. 跟踪服务，巩固了戒断期，有效防止了复吸

社会工作者与服务对象建立了良好的专业关系，一起制订了切实可行的计划，树立了生活的目标，与其家属、村委会干部、志愿者、医护人员、社区民警成立了帮扶帮教小组，及时掌握了其各方面的动态，及时加强跟踪服务和帮教工作。接案一年多以来，服务对象一直坚持履行社区康

复协议，保持了良好的操守。

2. 协助服务对象申请了最低生活保障金，让服务对象的基本生活得到了保障

3. 运用专业的理论知识，进行了有效的心理干预

在跟进服务的过程中，社会工作者运用了专业的理论与模式，以及心理学知识，帮助服务对象走出了心理困境，树立了正向的、积极的人生信念。

4. 链接资源，多方联动，帮助服务对象战胜病魔

在得知服务对象患癌以后，社会工作者急人之所急，充分发挥了资源链接者的职能作用，及时链接了服务对象的正式资源和非正式资源，积极筹措医疗费用，让服务对象成功进行了多次手术，逐渐走向了健康。

六、专业反思

（一）建立信任关系是专业介入的前提

社会工作者在面对戒毒康复人员时，建立信任的、良好的专业关系非常重要，能够有效地促进后续工作的积极开展。如果服务对象对社会工作者产生抗拒心理，就无法保证后续工作的顺利开展。建议在这个环节里，社会工作者要遵循专业的原则和价值观，要以平等、接纳、真诚的态度对待服务对象，还要多多学习专业的方法和技巧。

（二）链接资源是解决问题的关键点

在社会工作中，社会工作者面对的服务对象多种多样，面临的问题也是多种多样，仅仅依靠社会工作者的力量是无法达到目的的。社会工作者要针对每个服务对象的具体需求，厘清服务对象可以利用的正式与非正式支持网络，充分发挥资源链接者的积极作用，联动多部门，才能共同达到服务目的。在实际工作中，有一些政府部门、组织、个人对社会工作的重要性认识不足，不愿意配合工作，不能对服务对象的需求做出及时的回应，甚至看不起社会工作者。建议政府部门加大对社会工作的宣传力度，让广大人民群众和政府部门工作人员深刻认识到社会工作的重要意义，积极参与、配合社会工作，共同打造共建、共治、共享的社会格局。

（三）心理辅导与干预是专业保障

一年多来，在对服务对象的跟踪服务中，社会工作者开展了20多次心理辅导，架起了心灵沟通的桥梁，达到了预期的目标，从中可以看出心理辅导的重要性。社会工作者所接触的服务对象众多，每个人都会遇到心灵的瓶颈。如何打开他们的心结，仅仅拥有真诚的态度是不够的，还需要有相应的沟通技巧。建议民政局加强对社会工作者心理知识的培训，全面提升社会工作者的综合素质和能力，以便更好地做好社会工作，为人民、为国家做出贡献。

点评

吸毒人员社区康复工作不仅仅是“毒瘾”乃至“心瘾”的戒除，更多表现为种种原因导致的就业困难。本案例中社工很好地通过协助落实社会救助政策、链接社会资源、重构社会支持网络、开展心理干预和辅导等方法措施帮助服务对象解决了看病问题、生活问题以及信心问题。之所以本案例有这么显著的成效，其实还有一个重要因素，那就是服务对象生活在一个“民风淳朴、家庭和睦、乡邻乡亲友善、村干部有责任”的环境中，这种生活环境形成了良好的社会支持网络，也很好地诠释了“人在情境中”理论。社会工作者在助人的过程中，一方面直接对服务对象开展服务；另一方面通过营造良好的社会环境，让良好的社会环境来影响人、改变人。

当然，本案例还有继续努力的空间，就是在服务对象身体渐渐康复后，引导其自力更生、自谋生路、自立自强起来。

案例三：多方援手，合力解困
——多方联动下的个案救助

湛江经开区民安街道办事处　全永健；湛江市民政局　陈雯璞

一、个案背景

（一）基本资料

服务对象是 CXZ 一家，CXZ，女，33 岁，其丈夫 OQD 已故；两人育有两个女儿，分别是大女儿 OHL，16 岁；小女儿 OHM，13 岁。

（二）个案来源

由 W 村委 B 村干部转介而来，希望社会工作者能够为该家庭提供帮助。

（三）背景介绍

1. 家庭资料

服务对象一家原本共有 4 口人，是低保户家庭且一家 4 口均是残疾人，父亲是肢体三级残疾，母亲和两个女儿都是重度智力二级残疾。因母亲和两姐妹患有重度智力残疾，不具备洗衣、做饭等最基本的日常生活技能，家庭的一切大小事都依赖父亲 OQD，家庭的运转和维系主要依靠父亲。

2. 重要事件

2021 年 4 月下旬，OQD 发现大女儿 OHL 腿部有血迹，但找不到伤口，怀疑遭受性侵害。经亲属报案，目前该案由当地公安局立案侦查。OQD 因女儿被性侵一事想不开，于 2021 年 5 月 6 日服农药自杀，经抢救无效于 5 月 9 日死亡，因 OQD 的自杀与女儿被性侵害有关联，目前其尸体存放在湛江殡仪馆待处理。

3. 家庭情况

服务对象一家的收入来源完全依靠政府的低保家庭补助、残疾人“两项”补贴，收入仅够日常开销，一家人的生活捉襟见肘。

4. 人际关系

CXZ 母女三人因患有重度智力残疾，无法与人正常沟通，也害怕与人交往，平时都待在家里。人际交往的圈子仅局限在家庭，平时日常生活需要或者困难都是 OQD 负责。

5. 行为、情绪、认知状况

CXZ 母女三人表现十分拘谨、害怕，在有外人来访时多数躲在房间，不会与人打招呼，来访人靠近时还会害怕及躲避。由于三人患有重度智力残疾，认识水平能力低下，故丈夫 OQD 的去世，服务对象一家情绪崩溃，经常流泪及念叨其名字。

6. 社会支持网络

社会支持网络主要为婶婶一家对其家庭较为关注，村委会的日常探访，以及社会工作者提供的社会工作服务。

二、问题与需求分析

（一）资料搜集

社会工作者在首次与服务对象接触过程中了解到，母女三人因自幼智力残疾，加之亲人对智力残疾的刻板印象，父亲 OQD 没有对她们进行系统的教育指导，母女三人缺乏基本的自我照顾能力和沟通能力，生活上完全依赖 OQD。每月的低保、残疾人“两项”补贴等政府救助金都由 OQD 领取和分配使用。低保户证户主、政府补贴银行卡等信息材料均填报 OQD。2021 年 4 月下旬，OQD 因怀疑女儿受到性侵害，2021 年 5 月 6 日，服农药自杀。因户主死亡，其一家面临无法领取政府救助金维持家庭生活的困难，甚至会因为户主的缺失出现救助金停止发放的危机。母女三人因为 OQD 的亡故，在行为表现上比以前更加惊慌和害怕，整天都不出声，封闭自己的内心，不愿与人交流，难以沟通。

其婶婶 ZLM 对母女三人较为关注。ZLM 表示，自身家庭能力有限，家庭收入除去日常生活开销之后所剩无几，自己本身也要照顾老人和正在读书的小孩。因 CXZ 一家无法自理，且与自己的居住地有一定的距离，虽愿意帮忙，但在提供生活照料方面存在较大的困难。

（二）问题与需求分析

1. OQD 去世后家人极度哀伤

因怀疑女儿被性侵，OQD 自杀，随后母女三人的正常生活受到严重的打击，随着家庭主心成员的离世，母亲情绪崩溃，且因自身条件缺陷没有能力通过正常渠道维护自身利益。经社会工作者的综合分析，该家庭面临着特殊的生活危机，需要紧急介入。

2. 低保中断导致家庭经济状况恶化

OQD 是该家庭的户主，按照规定，低保户户主死亡后，要对该低保保障金停止发放，需重新申请，这就导致该家庭的低保补贴、残疾人“两项补贴”中断，加剧了该家庭的经济状况恶化。因此，需在程序上进行有效的衔接，确保该户低保补贴不中断。

3. 母女三人不能自理

OQD 去世后，母女三人无法应对正常的生活，缺乏生活自理能力。经过社会工作者、家属、社区、街道、民政局等的共同商议，为 CXZ 一家开展个案管理，由社会工作者协调管理各项资源，解决一家的多重问题，满足多种需要。

三、服务计划

（一）理论基础

1. 危机介入模式

危机是指一个人的正常生活受到意外危险事件的破坏而产生的身心混乱状态。OQD 的离世，对服务对象 CXZ 一家的心理产生了巨大的影响，在巨大的危机压力面前，服务对象无法面对、无法处理危机带来的生活变故和影响。

危机介入模式，是一种针对服务对象的危急状态而开展的调适和治疗的工作方法。社会工作者在介入阶段中，就需要对服务对象进行有效介入，并开展一系列的调适服务，帮助服务对象缓解危机事件带来的痛苦和无力感，为服务对象寻找生活的新希望，并协助服务对象尽快恢复社会功能，面对苦难，回归生活。

2. 个案管理

个案管理是指社会工作者协调管理各种资源以满足服务对象复杂需求，解决服务对象复杂问题，解决服务对象在获取和使用潜在助人资源时的特殊困难。在此个案中，OQD 去世后以往的主要资源被中断了，社会工作者需运用现有的资源，包含来自检察院、福利院、妇女联合会、民政局、社区、志愿者、社会工作者、其他社区公共主体等的资源，要通过统筹及整合正式与非正式资源，着重调节服务对象的生理和心理发展状况，关注服务对象所处的环境，以满足服务对象的复杂需要。

（二）服务目标

（1）及时介入，改善 CXZ 一家无助的状态，减少危机事件对服务对象的伤害，将伤害降低到最小化。

（2）挖掘及整合正式资源和非正式资源，通过制订详尽的服务计划，为服务对象提供包裹式服务。

（3）利用社会工作者熟知政策的优势，减小“断保”带来的影响。

（三）服务程序

（1）与村干部、服务对象的监护人进行联系，获得服务对象以及监护人的信任，通过陪伴缓解服务对象因家人去世而产生的焦虑和不安。

（2）搜集服务对象档案资料，通过服务对象和监护人的互动交流获取生理、心理和环境信息，满足其较为迫切的物质需求和精神需求。

（3）为服务对象提供个案管理，寻找和发现各项资源，协调和管理各类资源提供者，构建服务网络，满足服务对象多种需求。

四、实施过程

第一阶段：了解服务对象情况，制订初步介入计划。

2021 年 4 月下旬，W 村委 B 村村干部向社会工作者反映，低保户

OQD 一家，户主 OQD 已经亡故。在与村干部进一步了解到 OQD 一家的家庭环境、经济收入、家庭成员身体状况等基本信息后，为防止 OQD 的妻子和女儿受到更严重的二次伤害，社会工作者与村委、街道进行入户走访，了解服务对象的基本信息，包含服务家庭成员数量、家庭成员关系、日常生活状况、亲人去世对服务对象一家所带来的影响情况，在这个过程中，通过不断地走访跟进，社会工作者与服务对象及其监护人建立初步的信任关系，并制订初步的工作计划。

第二阶段：及时调节服务对象的悲伤情绪，整理服务对象身边的资源。

经过面对面会谈，社会工作者了解到母女三人属于先天性智力残疾，母亲 CXZ 本身缺乏自我照顾的能力，两个女儿亦为先天性智力残疾，父亲 OQD 因缺乏残疾人教育意识，错过了女儿的最佳学习阶段，难以实现女儿的自我照顾能力提升，两个女儿内心十分封闭，除了父母不愿与任何人交流，周围的人也因为对智力障碍没有较为清晰的认识，对服务对象一家有抵触心理。2021 年 4 月下旬，父亲 OQD 因怀疑女儿被性侵犯，想不开于 2021 年 5 月 6 日服农药自杀。婶婶一家对服务对象的家庭较为关注。

在交流过程中，社会工作者着重评估服务对象的情绪状态以及行为表现，及时发现危险因素；关注服务对象的情绪变化，采用引导沟通、倾诉和发泄转移注意力的方式缓解服务对象崩溃、慌乱的情绪，将服务对象受到的伤害降到最低。同时，社会工作者通过不断地走访跟进，掌握该家庭身边的资源，寻求合适的救助策略。

第三阶段：充分利用服务对象的资源，多方联动，恢复与增强其家庭功能。

社会工作者接案后，为解决服务对象遭遇的多重问题，积极整合现有的正式资源和非正式资源，以满足服务对象的多种需求。

（1）寻求家庭成员的帮助。服务对象遭受巨大的家庭变故，身体和心理均受到严重的伤害，加上服务对象自身没有独自生活的能力，需要有人帮忙照料。因此需要为服务对象提供生活照料和心理安抚，对服务对象进行身、心双重治疗，帮助其走出困境，恢复正常状态。社会工作者结合社会环境因素、服务对象自身情况、亲属家庭条件，与服务对象亲属共同商议，最终确定暂时由服务对象的婶婶 ZLM 作为服务对象新的监护人，服务对象一家由 ZLM 照顾。

（2）保障经济收入。社会工作者链接民政救助政策资源，讲述了服务对象面临的经济危机，希望民政部门能对服务对象相关政策补助做出调整，更改低保户主保留低保救助。经由当地民政局以及街道办事处开会研究，决定对该特殊家庭变故做相关政策补助调整，确保该户补贴不中断，并更改其妻子为特困人员，两个小女儿更改为事实无人抚养儿童，补助也有了一定的提升，为其家庭解决了燃眉之急。

（3）解决服务对象社会交往层面的困难，维护残疾人康复权和教育权。服务对象目前由婶婶 ZLM 照顾，但是这对服务对象走出心理阴影参与到社会活动中的社会交往困难难以起到明显作用。加之服务对象不具备洗衣、做饭等基本生存技能，婶婶 ZLM 无法在服务对象和自己家庭之间做到两头兼顾。为了满足服务对象的康复权和教育权，社会工作者多次与社区、社区志愿者、当地公益组织商议，与当地民政局进行沟通协调，决定将服务对象的两个女儿移交给专业的福利机构，由福利机构专人照顾和培养，满足服务对象康复和社会参与的服务需求。

（4）寻找服务对象所需的服务网络。为寻找契合服务对象的专业福利机构，社会工作者链接社区、社区志愿者、社区组织及社区公共资源，共同寻找符合条件的机构单位。经过多方多次会议和访谈，最终确定了市福利院。市福利院拥有具有专业护理知识的护工，能够满足服务对象生活上的多种需求。但入住福利院的过程并不容易，社会工作者首先撰写情况说明，再由街道向区民政局发函，再经检察院、妇女联合会、女企业家协会、残疾人联合会等部门沟通协调，最终经审批同意。在社区、社会工作者、社区组织、社区志愿者以及亲属的共同努力下，2021 年 12 月 16 日，成功将服务对象托养至市福利院，两姐妹将被集中供养至 18 岁，这期间的费用需 40 余万元，由该区“630 扶贫济困日”资金支持。

（5）两姐妹入住福利院之后，在区民政局的统筹组织下，湛江市检察院、湛江市女企业家协会、湛江市第三人民医院、社会工作服务机构等多次到市福利院了解服务对象的适应情况，并对其身心情况进行评估，帮助服务对象更好地融入福利院的集体生活。

母亲 CXZ 时常落泪，经常念叨姐妹俩的名字，为此社会工作者组织社区志愿者定期上门探访，增加对母亲 CXZ 的陪伴次数，不断缓解其对女儿的思念之情。同时，社会工作者和社区志愿者多次走访，有意识、有步骤地教授及引导母亲 CXZ 掌握日常的生活技能，如洗手、洗澡、吃饭等，不断提升其自我照顾能力。在疫情及交通的影响下，社区志愿者以及家属仍多次带母亲 CXZ 到福利院探访两个女儿，其悲伤情绪得到了有效的缓解。

第四阶段：个案评估及结案。

个案服务后期，母亲 CXZ 的情绪得到有效缓解，两个女儿也得到了有效照顾，母亲的自我照顾能力也得到了提升。在多方的支持下，母亲的脸上有了笑容，开始回应他人，适当表达自己。社区、社会工作者、社区志愿者、社区组织等对服务对象的变化及时给予鼓励和支持，引导服务对象向正确、向上的方向前进，增强服务对象改变的动力。

五、总结评估

（一）服务对象方面

服务对象由村干部发现并介绍给社会工作者，属于非自愿型服务对象。服务对象接受服务期间正处于严重的家庭变故当中，情绪非常低落甚至出现崩溃迹象。社会工作者对服务对象的紧急介入并利用家庭成员、社会爱心人士、公益机构、民政办等正式和非正式资源，及时阻止危机加深并保护服务对象。社会工作者协调各方面资源，组建服务网络，解决服务对象多种问题，服务对象逐渐改变并愿意与周围的人互动交流，逐步摆脱危机状态，不断向好的方向前进。

（二）社会工作者方面

在个案工作过程中，社会工作者从服务对象生理、心理和环境因素入手，发现、挖掘、链接现有资源和潜在资源，与服务对象一起解决问题，共同面对困难。在服务过程中，社会工作者不断给予服务对象理解、支持和鼓励，树立榜样、建立自信心，共同以积极的态度去面对和解决问题。

（三）其他方面

本案开始至结束，社会工作者与多方保持密切联系，多次汇报服务进展情况，听取相关建议和意见，做好跟进与反思工作，获得领导、社区、社区志愿者、社区组织等的一致认可。

六、结案评估与专业反思

（一）结案评估

大女儿 OHL、小女儿 OHM 入住市福利院后，身体和心理状态都发生改变，更加愿意参与和探索周围环境。母亲本身具有自我改变的动力和能力。经过社工站的个案会议，与监护人、督导共同商议后，此个案服务目标基本达成，她们的问题基本得到解决，需要基本得到满足，决定结案。

（二）专业反思

（1）在 OQD 去世之后，服务对象家庭功能的缺失，导致该家庭无法通过自身的能力来解决问题。作为社会工作者，在和服务对象及其家属建立良好的关系下，应着重挖掘服务对象自身的资源及整合政策资源，建立新的支持体系，这有助于服务对象更好地面对危机。

（2）在此案例中，社会工作者不仅需要关注服务对象的个人问题与需求，更应扮演好协调者和引导者的角色，促使多方关注服务对象的问题与需求，搭建多方参与及沟通的平台。只有多方积极联动、有效配合，才能全方位进行服务，逐步提高社会福利水平。

（3）在农村地区特别是偏远农村，女童性侵犯事件频发，特别是患有精神和智力残疾的女童，社会工作者在女童被侵犯前后，应有效链接及整合社会资源，多方需协助社会工作者为女童及其家庭提供全面的社会工作服务，降低女童感染疾病的风险，修复性侵家庭的关系，营造良好的社会支持环境，避免突破人性底线的丑恶事件发生，以利于受害女童的健康成长。

点评

本案例服务对象陷入多重困境，失去亲人的悲伤、失去照顾的无助、失去经济来源的无奈等，都叠加在一个家庭头上，真是困难重重。在这些困难中最为突出的是家庭功能缺失。因此，本案社会工作者以此为突破口，通过资源链接和整合，争取达成多方联动，最终将两个没有自理能力的孩子送进儿童福利院。本案的另一大特点是在链接政策资源、协助政策落实方面卓有成效，这得益于社会工作者与职能部门保持着良好的互动关系，也归功于社会工作者对政策的理解很深、把握很准，具有很强的政策能力。本案中政府与协会方面有街道、区民政局、检察院、妇女联合会、女企业家协会、残疾人联合会等部门及组织参与，社会方面有社区、社会工作者、社区组织、社区志愿者以及亲属的努力，形成了多方参与、多方联动的机制，是一次成效显著的多方联动实践探索。社会工作者的专业能力是本案联动成功的关键点之一，社会工作者利用专业能力彰显专业价值，从而赢得多方认可。因此，社会工作专业化是我们的必由之路。

案例四：抚慰孤独，重塑支持

湛江市东山街道社工站　王金凤、杨晓韵

一、背景介绍

（一）基本资料

服务对象：尊荣爷爷；性别：男；年龄：76 岁；民族：汉；婚姻状况：未婚；受教育程度：文盲；性格特征：固执、倔强、不听劝。

（二）接案原因

东山街道“双百”社会工作者入驻北山村后，对村居民政服务对象进行探访、接触及了解后，一个既普通又特殊的民政服务对象尊荣爷爷走进了社会工作者的视线中。2021 年之前社会工作者经常去看望他，跟他聊聊天，给予心理支持。在 2021 年 2 月服务对象发生了一件特殊事件，因此社会工作者协商后决定对其进行个案跟进。

（三）背景资料

1. 文化水平

根据村里老人及服务对象所述，服务对象是属于很普通的一类人，没什么文化。

2. 身体情况

服务对象身体状况很差，血压高达 230；眼睛水肿，脖子肿大，有甲状腺相关性眼病；脉搏跳动过慢，怀疑有窦性心动过缓疾病；身体笨重，精神恍惚，腿脚不利索，出行不方便。

3. 收入情况

服务对象无家务劳作经济来源，主要依靠“五保”救济金生活。

4. 生活环境

服务对象独自居住在20世纪七八十年代建的瓦房中，院子里差不多全是杂草，房子也很破旧。有3间房，一间堆积杂物，一间为过路厅，摆放供奉神台，一间为服务对象的居住房间，其房间比较脏乱，无人打理，桌子上铺满灰尘，特别是吃饭的桌子摆满了一次性饭盒。

5. 生活情况

服务对象几乎没出过家门，很多时候都躺在床上。他身体素质很差，走久一点路就会头晕，因此不敢出去，一个人孤独生活。服务对象的救济金差不多都上交给侄子侄媳，侄子侄媳每天会给其带早饭和晚饭，如果没空煮饭就打包快餐。服务对象伙食已解决，也不需要其他花费。如果有需要用钱的地方，会跟侄子要一点，因此他身上几乎没钱。

6. 其他问题

服务对象人际交往上比较单一，独居，半自理，无其他情感支持。

7. 重要事件

2021年2月5日社会工作者链接企业资源并联合企业开展了一场“新春迎喜庆，福袋送温情”慰问活动，为“五保”户、困境家庭送去了节日的问候和祝福，同时为服务对象张贴对联，过了两三天，由于对联没贴稳脱落了，因此服务对象站在凳子上要贴掉落的对联，地面滑不小心摔倒了，受伤住院。社会工作者了解情况后，感觉特别内疚，多次去医院看望并问候他，了解其身体状况。虽说只是摔了一跤，但毕竟是体弱多病的老人，遭遇摔倒产生受伤是比较严重的。同时了解到侄子侄媳说由于过年，治疗了几天就回家休养，但服务对象身体状况还很差，一直要躺在床上休养，所以社会工作者后续跟进服务对象，了解其身体状况，并进行心理疏导。

二、分析预估

（一）问题分析

1. 服务对象发生本次危险事件的原因

服务对象属于“五保”户，独居，其自我照顾能力和自控能力比较差。服务对象与邻里间的关系一般，而且附近住的也都是一些老人，同时监护人侄子在早饭跟晚饭时间才会来服务对象家里。故当服务对象遭遇感觉力所能及的事件时，他会想着自己去完成，不会想到这力所能及的事对于服务对象的身体状况来说是一件特别危险的事。

2. 服务对象在生理、心理和社会关系方面存在的问题

（1）生理方面：服务对象身体有很多疾病，平时也不注重卫生，经常不洗澡，不换洗衣物。侄子工作繁忙，大部分时间都是为他买快餐，对于卫生方面考虑得不周到。因此服务对象的脚会不定期肿痛，头时不时晕厥。

（2）心理方面：服务对象独居，亲属不常来看望他，负责送饭的侄子只是把饭拿给他，根本就不会聊什么心理话，大部分时间会指责服务对象固执不听劝，这不能做那不能做，不会想着聆听。因此服务对象经常感觉孤独寂寞，特别是生病时，录音机又坏了，更加无聊又无助。

（3）人际交往方面：从社会网络支持理论看，服务对象的家庭支持网络相对不弱，但是对于服务对象的照顾一般，邻里关系也一般。因此服务对象需要调养好身体走出家门，增强其社会支持网络。

（二）需求分析

1. 针对危险事件

社会工作者要引导服务对象意识到此事件的危险性，同时尽快去医院向医生了解治疗进度，并与侄子协商如何照顾，让他的身体能快速康复。

2. 服务对象个人生活方面

服务对象卫生方面较差，经常不洗澡，故需要服务对象学习如何健康生活，养好良好的卫生习惯，勤洗手、勤通风，注意个人卫生。服务对象饮食习惯较差，吃饱就躺床上睡，容易积食，有典型的啤酒大肚子，导致身体疾病更加重了，精神更萎靡不振，因此服务对象需要学习饮食如何搭配。

3. 服务对象支持网络方面

服务对象在发生危险事件时，邻里往来几乎没有。因此没人知道，找不到人救助，还是侄子带晚饭过来时才发现服务对象摔倒受伤了。服务对

象在社会支持网络方面力量非常薄弱，需要构建和加强家庭、邻里之间的社会支持网络。

三、服务计划

（一）服务理论模式

社会—心理模式是一种将服务对象的心理状态、心理过程同他生活的社会环境结合起来考虑并进行工作的方法。它帮助社会工作者整体地去认识、了解服务对象，从而提供提升服务对象自我认识的服务，以针对服务对象所处的社会环境开展工作。该模式将有关意识、潜意识、人格功能、人类行为、情绪的知识结合在一起，帮助社会工作者制订个性化的“诊断与治疗计划”。它的主要措施是通过认识和理解人及其心理的发展过程，来寻找服务对象问题的根源，对症下药，帮助服务对象解决问题，实现个人成长。

服务对象对于社会工作者链接的资源，以及联合志愿者送去的节日祝福和帮其张贴对联感到很开心。因为服务对象是独居的，家里很冷清，他渴望热闹，但也因为此事而让他在张贴掉落的对联时摔倒受伤了。在服务对象住院治疗期间，首先，社会工作者要实时跟进，向医生了解治疗进度，并与侄子协商如何照顾，让他的身体能快速康复；其次，社会工作者为其提供社会心理支持，让服务对象自我认识到此事件行为的危险性，在下次有类似事件发生时能做出正确判断；最后，社会工作者可以为其提供情感支持和医疗知识点支持，让服务对象对调养好身体更有信心，同时要经常看望他，及时给予关注，在有限的时间内快速、有效地帮助服务对象降低危机带来的影响。

（二）服务目标

（1）与服务对象的家人协商如何照顾受伤住院的服务对象，并实时关注其身体变化情况，让其身体能快速康复。

（2）让服务对象自我认识到此事件行为的危险性，协助其在下次有类似事件发生时能做出正确判断，并协助服务对象加强社会支持网络的支持力度。

（3）在治疗出院后，引导服务对象正视自己的高血压及卫生问题，引导服务对象养成良好的卫生习惯，并降低血压。

（4）在治疗出院后，指导服务对象学会统筹自己的饮食管理，建立健康饮食方式。

（三）服务策略

运用社会—心理模式处理服务对象的危险事件，在治疗出院后，利用危险事件反映出的问题，与服务对象进行探讨，以期能引起服务对象对其问题的正视，并能够有所改善。

（四）服务程序

1. 第一阶段

与服务对象的家人协商如何照顾受伤住院的服务对象，在服务对象出院后，实时关注其身体的变化情况，让其身体能快速康复。

社会工作者针对服务对象的危险事件，做出了以下安排：①了解服务对象发生此危险事件的主要原因；②制订个别化“诊断与治疗计划”；③让服务对象意识到此事件行为的危险性；④积极协助服务对象解决当前问题并得到个人成长。

2021年2月社会工作者联合企业开展慰问活动，为“五保”户、困境家庭送去了节日的问候和祝福，并为服务对象张贴对联，但由于对联贴得不稳掉落，而服务对象特别在乎这对联，执意要站在凳子上重贴脱落的对联，地面滑不小心摔倒了，受伤住院。对于此次危险事件，社会工作者有不可推卸的责任。故社会工作者了解情况后，感觉特别内疚，多次去医院看望并实时关注服务对象的病情，同时在知道服务对象出院在家休养后，经常入户陪伴服务对象，通过不断进行心理疏导，服务对象心情好很多了，赶走了其前段时间因被亲属责怪的烦闷心情。

社会工作者在服务对象受伤期间与其接触一两次后了解到他收音机前段时间坏了，现在因为受伤不能走动，只能躺在床上休养，很无聊也很无助。故而决定上网为服务对象购买收音机，挑选好剧、好歌下载，让服务对象无聊时可以听好剧，经过多次查找安全性高的收音机，现在没有以前的老款，都是充电款的，同时进行货比三家，最后因为收音机充电时存在安全隐患不敢购买，毕竟对于生病的老人来说收音机要绝对安全才行。因此社会工作者另辟蹊径，有空就陪伴服务对象，让其心情愉悦，同时搜索并告知一些医疗知识，同时陪他适度运动。在3月底服务对象的手终于能正常抬高放下，身体状态好很多了。对此服务对象很开心，很感谢社会工作者为他的付出。

2. 第二阶段

让服务对象自我认识到此事件行为的危险性，协助其在下次有类似事件发生时能做出正确判断，并协助服务对象加强家庭及社会支持网络的支持力度。社会工作者在知道服务对象住院后，多次去医院看望并给予心理疏导，同时在出院后，社会工作者也经常去他家看望并帮其做些力所能及的事。在此情况下，社会工作者让服务对象了解到他的身体健康比什么都重要，现在他的手摔伤了，而且又是独居，亲属工作繁忙，没时间照顾他，只能每天带饭给他，让他意识到此事件行为的危险性，住院期间需要一个亲属照顾，打乱了侄子本就繁忙的生活。这次危险事件行为已然发生，不能改变，因此社会工作者协助服务对象意识到下次再有危险事件发生时要做出正确选择。

经过此次危险事件后，服务对象感慨道，虽说身体是痛苦的，但心情是愉悦的，因为不常来看自己的亲戚也来看望，同时也感谢社会工作者时常来看望他，帮他做些力所能及的事。同时社会工作者意识到要加强服务对象社会支持网络的支持力度。邻里表示，服务对象一直待在家里，不出家门，发生什么事别人不可能知道。因此，社会工作者特地找服务对象侄子进行深入了解，开始时其侄子认为社会工作者就做做样子，而且对于服务对象摔倒一事，社会工作者有不可推卸的责任，所以对社会工作者态度不好，也不爱搭理。在社会工作者坚持不懈地服务几个月时间后，服务对象侄子见到社会工作者时态度转变了。服务对象以前很固执，特别是吃药，他都不肯吃的，而现在都自动吃了，状态改变了很多。

通过社会工作者与服务对象侄子的几次接触，了解到服务对象侄子工作很忙，他一人做三四份工作：上午8点至下午5点在邮政银行做保安，晚上7点至11点与妻子去卖夜宵档，晚上12点至第二天早上8点在学校做保安。每一天工作都安排得满满的，也就能在上夜班时睡三四个小时；侄媳则一人带3个孩子，其中两个小孩读小学、一个小孩读幼儿园，有时还会趁着孩子上课时去打点儿散工。了解此情况后，社会工作者表示，很佩服服务对象侄子夫妻很认真地拼命挣钱，但对此生活不认同，虽说可趁年轻拼命挣钱，但不能拿命去拼，什么事情都得适度，毕竟要照顾老少，熬坏了身体得不偿失，身体健康最重要，劝其要适量工作，不管是对服务对象还是其侄子一家，不能经常吃快餐，同时对于服务对象还是要时常陪伴，人老了更渴望亲情。

社会工作者有时陪着服务对象走出家门，见到邻里就陪其聊天，加强其社会支持网络的支持力度，并让邻里多关注服务对象，毕竟远亲不如近邻。经过几个月时间，服务对象的手彻底好了，也经常出去走动，还会去另外一个老人家里聊天谈心，后来社会工作者入户走访时，也可见到服务对象在跟邻里聊天，有说有笑。

3. 第三阶段

引导服务对象正视自己的高血压及卫生问题，引导服务对象养成良好的卫生习惯，并降低血压。

社会工作者通过服务对象侄子了解到其血压很高，但一直不肯吃降血压药，随即社会工作者行动起来：入户探访服务对象时，为其量血压，血压居然高达 230，脉搏跳动过慢，怀疑有窦性心动过缓疾病，怪不得服务对象说不敢走远，走一会儿头就晕厥，因此社会工作者嘱咐其要购买降血压药服用及其他一些注意事项。服务对象去村居卫生站购买了降血压药，通过一个月时间持续吃降血压药，血压降低到 200。服务对象对此结果挺满意，以至于后来社会工作者再去测量血压时，居然又上升到 230，血压没有控制住，问明原因才知道服务对象觉得身体比以前利索了，就不吃降血压药了，对此社会工作者很无奈，服务对象还有没彻底意识到高血压的危害性，而其低血压又太低。社会工作者只好继续对其做思想工作。社会工作者的不懈努力，不断地帮其测量血压，叮嘱其按时吃降血压药，不断对其鼓励，同时叫他偶尔去看村居医生。经过 4 个月的努力，服务对象的高血压终于降至 166，低血压达到 69，脉搏也回升了一点。2022 年 3 月，社会工作者通过电话联系服务对象侄媳，让她同意带服务对象去医院打疫苗。随同的村委干部称服务对象一家这么信任社会工作者，让社会工作者带服务对象出去打疫苗。之前，医生就诊断服务对象由于高血压不敢打新冠疫苗，而这次去医院再次检查血压时，服务对象的高血压居然才 130，是正常血压，可接种疫苗。

随后的一次走访村居时，与服务对象邻里聊天了解到其以前从来不肯吃降压药的，经常把药藏起来，其侄子都拿其没办法，但没想到他居然愿意听社会工作者的话坚持吃药。由此可见其对社会工作者的信任，对此社会工作者感到很欣慰。

在血压从高回归到正常的这段时间，社会工作者也不断地对服务对象灌输卫生知识，也对服务对象侄子说过，一次性饭盒、垃圾不能堆积，院子里的杂草会招引蚊子、虫子，要及时清除。通过社会工作者不断劝导服务对象及其亲属，桌子上的垃圾被清理了，院子里的杂草被清除了，环境改善了，服务对象的心情自然也就舒畅了，其精神状态也很好。

4. 第四阶段

指导服务对象学会加强自己的饮食管理，建立健康饮食方式。

社会工作者在对服务对象进行社会心理疏导时，指导服务对象学会加强自己的饮食管理，建立健康饮食方式。因为之前服务对象一吃饱饭就躺在床上睡觉，导致积食。现服务对象肚子有点不正常的肿大，而且对胃也不好，所以社会工作者劝导服务对象饭后不能立马躺床上，要适当运动一下，也可以坐下休息半小时至一个小时。经过社会工作者的努力，服务对象有了自己的想法，早饭吃过后去邻居家里坐坐、聊聊天；晚饭吃过后就在家附近走动走动。

四、实施过程

（一）建立信任关系

社会工作者要与服务对象接触，慢慢相处，并制订治疗计划。社会工作者要全面了解服务对象当前的问题和需要，注意服务对象的心理状态及其变化，运用专业知识取得服务对象的信任，社会工作者要给予服务对象信心和希望，激励服务对象成长和改变。同时，针对会谈内容，制订服务对象的个别化“诊断与治疗计划”。

（二）搜集相关资料

社会工作者要全面搜集和服务对象有关的资料，主要包括服务对象的家庭情况、个人成长经历、个人的心理和生理状况、目前的行为状况等资料。

（三）相关问题诊断

社会工作者对所得资料进行整理、归纳及分析，对问题的本质进行评估和推断，重点包括问题的性质、产生的原因以及发展的过程，服务对象个人生活经历和行为特征等，为下一阶段计划的实施做好铺垫。

（四）心理监测治疗

社会工作者与服务对象进行深入接触，并对服务对象进行治疗。目标是协助服务对象解决当前问题，陪伴服务对象，给予服务对象心理支持；让服务对象自我认识到一些事件行为的危险性，协助其在下次有类似事件发生时能做出正确判断，并协助服务对象加强家庭及社会支持网络的支持力度；引导服务对象正视自己的高血压及卫生问题，引导服务对象养成良好的卫生习惯，并降低血压；指导服务对象学会加强自己的饮食管理，建立健康饮食方式。在治疗过程中，社会工作者要重视服务对象认知的变化，努力引导服务对象去发现自身问题，并帮助服务对象加强自我适应能力及提升解决问题的能力，促进服务对象的成长。

五、总结评估

（一）生理方面

服务对象是“五保”户。个案服务前，血压高达230，脉搏跳动过慢，身体还有很多疾病，走远点路就晕厥，身体素质差；家里卫生脏乱，院子里长满杂草；饮食方式不健康，一吃饱饭就躺床上睡觉。个案服务后，服务对象血压已回归正常，降到了130，脉搏回升一点，能走很长的路了，身体状况改善了；家里卫生方面，在服务对象及其亲属的共同努力下，房间焕然一新，院子里的杂草也清除了；现服务对象一吃饱饭就适当运动并去邻里家聊天一个小时左右，生活变得有序起来。

（二）心理方面

个案服务前，服务对象独居，亲属也不常来看望他，只是在饭点带饭给他，然后就匆忙走了，服务对象经常会感到孤独寂寞。个案服务后，社会工作者会经常去探访服务对象并与其谈心，因此其对社会工作者很信任。同时服务对象的心情由烦闷变得开心，见到邻里都有说有笑。

（三）人际方面

个案服务前，因为服务对象性格比较固执不听劝，因此其侄子多数是责怪，没有用心聆听，而且服务对象几乎不走出家门，和邻里关系一般，因此在发生危险事件时，没人知道。经过社会工作者服务后，在家庭交往上，服务对象的侄子开始关注、了解其身心健康，让其心情变好很多；在村居交往上，服务对象也慢慢走出家门，偶尔去邻里家聊天谈心，有说有笑。

六、专业反思

（一）要与服务对象建立信任的关系

社会工作者要与服务对象建立信任关系，协同服务对象共同制订服务计划，得到服务对象的支持与肯定，同时引导服务对象自己有什么需求与困难也要跟社会工作者述说，这样便能让社会工作者给其服务时有事半功倍的效果。

（二）始终要保持自己专业的素养，提供专业的服务

社会工作者的基本价值理念是平等、接纳、不歧视。首先要保持有一颗服务的心。我们需要真诚平等地对待服务对象，要设身处地地从服务对象的处境出发思考问题，多与他们交流，接纳他们，倾听他们的心声，用一颗炽热的心为他们提供服务。同时，在服务过程中要不断去总结、不断去反思，并以此提高自己的工作能力和服务水平。

（三）要坚持以人为本，多关爱服务对象的精神层面

服务对象是“五保”户，并且独居，更需要关爱和照顾。社会工作者要给予服务对象关怀，时常去探访他，进行心理疏导。同时要调动一切可以利用的资源，从新的角度看待问题，联动社区优势资源，鼓励和带动服务对象参加社区活动，培养自己的人际关系，以积极开朗的状态面对村居和生活。

（四）要懂得运用心理社会治疗模式

心理社会治疗模式将个人与环境之间的这种关系嵌入“人在情境中”，

社会工作者既需要深入服务对象的内心，了解其感受、想法和需求，还需要仔细观察周围环境对他的影响，运用专业技术和方法，促进服务对象问题的解决和个人的全面成长和发展。

点评

本案中的服务对象在我国属于一个人数众多的群体，并且今后这一群体的规模将会更大，这对社会工作服务提出了挑战。面对多年独居生活的准高龄老人，社会工作者采用个案工作法几乎成为唯一选择。然而，个案工作是一个非常耗时、耗力的工作，需要多次上门，并且每次上门的时间也不短。本案社会工作者在整个服务中，从点点滴滴的细节可以看出，所费时间精力绝对不少。从现实来看，服务对象的监护人其实是没有多少精力来照顾老人的。因此，老人的一些生活照护和情感陪护需求，比较理想的选择应该是社区为老人提供服务志愿者。我们的社会工作者在倾心倾力对服务老人的同时，要考虑培育社区为老人服务的志愿者。另外，当老人不能自理时，也应该提前安排机构养老。如何让更多的组织、志愿者参与到为老人服务中来，将是社会工作者必须思考并积极突破的问题。

案例五：生计发展，增能自立

——关爱困境家庭社会工作服务案例

徐闻县龙塘镇社工站　吴明珠、杨阳、叶伟明

一、案例背景

（一）基本信息

服务对象凤凤（化名），女，今年 9 岁，就读二年级；大哥哥国国（化名），13 岁，就读六年级；小哥哥亮亮（化名），11 岁，就读五年级；父亲 49 岁，智力残疾二级；母亲 33 岁，智力残疾三级，无劳动能力。2020 年 10 月，此个案由县团委转介至徐闻县龙塘镇社会工作服务站，随后社会工作者展开个案救助服务。

（二）背景资料

1. 家庭资料

凤凤一家是镇上的低保户，在 2020 年 6 月精准扶贫项目中，政府、热心村民帮扶其家庭购买了框架平房，才使得凤凤一家有落脚处。目前，一家 5 口居住在一间狭小的瓦房中。

2. 健康状况

服务对象父亲自述道，2019 年因甲状腺问题，在其二哥的帮助下，进行了手术。服务对象父亲能进行日常的交流，但无劳动能力，也不懂得耕作。服务对象母亲三级智力残疾，无劳动能力，生活需要协助。

服务对象的两位哥哥生活基本能够自理，虽分别就读五年级与六年级，但在日常的交流中发现他们表达不清晰，不会书写自己的名字。服务对象因年龄尚小，且接受教育有限，三兄妹的健康状况有待进一步确认。

3. 就读/学习状况

大哥哥国国就读六年级，其语言组织能力欠佳，沟通比较吃力，很难理解其要表达的意思；小哥哥亮亮的学习较差，在学校的沟通、交际能力较差，在学校曾遭受过校园欺凌，曾有一次下课后跑出校外玩耍；服务对象凤凤学习成绩较差，学习兴趣低，缺乏交际能力，父亲考虑到家庭经济状况，不让凤凤就读学前班，直接就读一年级，由于学习基础薄弱，成绩落后。

（三）人际关系/支持网络

三兄妹均出现不同程度的交际问题，社会工作者一开始接触的时候，亮亮和凤凤总是低着头，不敢直视社会工作者，也极少回复社会工作者提出的问题。服务对象的父亲描述道，自家与大伯一家一起居住，因凤凤家的厨房是半露天状态。如遇下雨天，会借用大伯家的厨房。二伯曾帮助其治病，平时生活上的交流较少，邻里之间的关系也较为疏远。

1. 居住情况

服务对象一家住在一间15平方米左右的瓦房内，后经政府及爱心人士的支持，凤凤家有了一间板房，现在由服务对象大哥哥国国居住，父母及服务对象、小哥哥挤在一张床上休息。房屋拥挤，居住环境脏、乱、差，卧室物品堆放杂乱，衣物堆积成山，地上丢满垃圾。厨房厨具较为破旧及用餐后不及时清理餐具，出现发霉、有异味等情况。另外，厨房是半露天状态，如遇下雨情况一家人无法正常就餐。

2. 经济状况

服务对象父母均属于智力残疾且丧失劳动能力，仅靠政府的低保及残疾人补贴维持生计。但日常开销大，经济状况十分拮据。家里大部分田地都是沙土，缺乏水源，无法种植一般的农作物。在服务对象外婆和舅舅的帮助下种植了一点耐旱的农作物，这些农作物往往产量偏低、种植时间长，收成情况总体不佳。

二、分析预估

1. 被照顾问题

服务对象尚幼，接受能力有一定的欠缺，在前期社会工作者走访的时候，天气比较凉爽，服务对象和小哥哥仅穿着比较单薄的衣服。同时，服务对象兄妹的营养不良，面黄肌瘦。另外，服务对象没有养成良好的卫生习惯，且无独立生活的能力，需要得到更好的照顾。

2. 学业辅导及专注力

凤凤的学习成绩一般，书本基础不扎实，课后得不到辅导，学习成绩每况愈下，学习过程中很容易受外界影响分心，需进行功课辅导、提高服务对象学习专注力以及提升自我保护的技能培训，以提升其综合素质。

3. 人际关系/社会支持网络

据了解，服务对象兄妹3个在学校受到一定程度的排挤，且有受欺凌的现象，由于凤凤缺乏沟通交流技巧，在学校几乎没有同学愿意与她玩耍，缺乏朋辈的支持，服务对象及其家庭的社会支持系统力度薄弱。

4. 居住情况

社会工作者一开始进行走访的时候，服务对象的院子地面不平整，有一定的积水，且由于将剩余饭菜倒在院子里，导致苍蝇扎堆，服务对象居住的房屋较为昏暗，房间里物品较为杂乱。需要协助服务对象改善居家环境，创造一个卫生、整洁、舒适的生活成长环境。

5. 经济情况

目前，凤凤一家的收入仅依靠政府的资助，无其他收入来源，家庭经济拮据。村委会负责干部了解到服务对象一家的经济状况后，建议服务对象父母用仅有的1万多元存款购买两头水牛进行饲养，这样农忙的时候不仅可以帮助耕地，长大后也可以变卖增加家庭经济收入。同时社会工作者亦需要链接相应的资源，缓解其家庭经济压力。

三、服务计划

（一）服务目标

（1）链接资源，暂时缓解家庭经济压力。

（2）营造安全、舒适的居家环境。

（3）为服务对象提供课业辅导及提高其学习专注力，提升综合素质。

（4）提升服务对象个人日常生活技能。

（5）提升服务对象父母自身生活技能，提升其家庭生活规划能力及子女照顾的能力。

（二）服务理论支持及技巧

1. 社会支持网络

社会支持网络指一组个人之间的接触，通过这些接触，个人得以维持社会身份，并获得情绪支持、物质援助和服务、信息及新的社会接触。依据社会支持理论，一个人所拥有的社会支持网络越强大，就能越好地应对来自环境的各种挑战。个人所拥有的资源又可以分为个人资源和社会资源。个人资源包括个人的自我功能和应对能力，社会资源是指个人社会网络中广度和网络中的人所能提供的社会支持功能的程度。社会支持理论取向的社会工作，强调通过干预个人的社会网络来改变其在个人生活中的作用。在此案例中，社会工作者要帮助凤凤及其家人扩大社会网络资源，提高其利用社会网络的能力。

2. 鼓励与支持技巧

社会工作者介入该个案会谈时，综合运用语言、表情、肢体等形式给对方以正向的表扬、支持，运用鼓励技巧让服务对象尽可能真实表达个人想法。社会工作者在和服务对象的接触中发现其优点及特别之处，并且将其具体化。例如社会工作者在与服务对象相处的过程中，服务对象做出数学题或者见到社工能主动打招呼等之类，社工应该给予“你真棒”的夸赞，对服务对象在心理上形成一定的鼓励以及支持。

3. 引导技巧

社会工作者与服务对象相处时，要有目的性地对服务对象进行引导，让其形成发散性思维，更好地启发服务对象。

（三）服务策略

介入初期阶段，社会工作者通过访谈法、观察法获取信息，以访谈、咨询、查阅已有资料的形式，对服务对象生理、心理、生存需求、家庭状况等方面进行评估。通过观察，社会工作者发现服务对象凤凤存在智力不健全、语言功能欠缺、自理能力较差、学习成绩差等问题。结合社会支持网络理论，社会工作者对现在的资料进行全面的梳理，发展凤凤作为服务对象并制订相应的服务计划以及进行介入。

四、服务实施

经过上述分析，社会工作者制订了周密的介入服务计划：

1. 第一阶段

社会工作者与服务对象及其父母面谈，增加对服务对象的了解和服务对象对自己的信任，并建立了信任工作关系（2020 年 10—11 月）。

经过 3 次面谈，社会工作者了解到服务对象的家庭情况、心理情况、学习情况、邻里关系、身体情况等，同时结合村委会和村民提供的资料，了解服务对象的其他有关情况。搜集资料后，社会工作者对服务对象及其家庭面临的主要问题进行评估。2021 年 1—2 月，社会工作者通过学校了解到服务对象在学校里经常遭遇校园欺凌，没有朋友，在村里也只有哥哥跟她玩耍，凤凤的内心比较孤独。于是社会工作者每月定期走访服务对象，主要陪伴服务对象，与其聊感兴趣的话题。服务对象喜欢看某动画片，社会工作者引导其看图释义，逐步增加其课外兴趣。每次社会工作者去走访，家里人均非常热情地与其打招呼。在前期的陪伴中，社会工作者运用了倾听、接纳、关怀、同情等技巧向服务对象提供情感上的支持，社会工作者与服务对象及其家庭建立起了比较高的信任度。

2. 第二阶段

提供心理疏导，帮助服务对象提高自信心（2020 年 12 月）。

社会工作者每月定期电话联系一次服务对象父亲，协商入户的时间，服务对象的父母和服务对象对于社会工作者的每一次到来均表示欢迎。社会工作者询问服务对象在校的学习情况、课后作业布置的情况等，服务对象都会细细道来，尤其是服务对象在社会工作者的陪伴下变得比较活泼，社会工作者通过布置练习临摹字帖任务，使服务对象能工整地把自己的名字写出来。在此过程中，社会工作者运用倾听、聚焦、摘要等会谈技巧，使服务对象感到被认可、被接受。

3. 第三阶段

“三社联动”链接多方资源，助力服务对象营造一个舒适的成长环境（2021 年 1—3 月）。

社会工作者与服务对象家人一起讨论解决经济问题的方法和途径，引导服务对象家挖掘本身已拥有的资源以及可以动用的其他社会资源。社会工作者通过“三社联动”的工作模式进行介入，联动多方资源。

（1）联合志愿者、村委会等资源到服务对象的家中进行打扫整理，把不需要的东西摆放整齐，将房间门口以及走道上的鸡屎清洗干净，把房屋门口围满苍蝇的饲养盆挪到大门空旷的位置，引导服务对象学会帮助父母打扫卫生，围一个遮雨的鸡圈以防像往常一样下雨天让鸡鸭躲在房间里避雨。

（2）社会工作者积极链接希望工程助力脱贫攻坚行动的助学金，力争为服务对象解决经济上的一部分困难。

（3）由于冬天天气寒冷，服务对象衣物、棉被等御寒物资缺乏，社会工作者链接镇上的防寒物资，解决服务对象一家的御寒问题。

（4）目前服务对象父亲养殖了两头牛及在服务对象外婆和舅舅的帮助下种植了 1 亩多花生，希望能够进一步缓解家庭经济压力。

（5）链接 3 名高校志愿者，对服务对象加强引导，并辅导服务对象功课，同时志愿者也通过服务对象感兴趣的事，培养其注意力。经过这样几次的训练，服务对象的好动及注意力不集中情况有所好转，希望通过长期的坚持，让服务对象能够有更大的改变。

（6）链接 7 名社会爱心人士捐赠 636 元，分别购买一个衣柜、一张凉席、两个风扇给服务对象，并引导服务对象一起将堆积如山的衣物叠好，整齐地放在衣柜中，通过社会工作者与志愿者多次悉心教导，服务对象面对自己收拾好的房间倍感温馨，并兴高采烈地对社会工作者说：“姐姐，以后我每天放学都会把自己衣服叠好并把自己的房间打扫干净。”

（7）3 月 25 日进入小学后，与服务对象老师建立关系，增强其对服务对象在校的照顾力度。社会工作者通过凤凤班主任了解到，其学习成绩差的原因是父亲因家庭经济跟不上，不让凤凤上学前班（因学前班学费约 600 元/学期），直接上一年级，导致凤凤基础较差，跟不上学习进度而缺乏学习兴趣。另外，社会工作者发现老师到教室叫凤凤出来与社会工作者见面时，老师是大声吼叫凤凤快下来，并非轻声细语；此外，该校校长还直言叫社会工作者应该多多关心该类儿童，别像其他志愿者“走马观花”似的，因为该校有极多类似的困境儿童，国家没有相对应资金扶持。可见，凤凤在学校并没有得到相应的照顾与关心。在此过程中，社会工作者运用沟通技巧，向该校表明社会工作者的来意，让学校多关心服务对象，接下来社会工作者也会不定期与凤凤班主任联系，关心其在校情况，汇报到县团委及将相关详情记录在12355后台管理系统。

4. 第四阶段

强化家庭的照顾和情感功能，提升父母对孩子的照顾能力（2021年4—8月）。

凤凤的父母均智力残疾，缺乏相应的照顾技能，只负责日常的买菜做饭，其他的任由孩子发展，孩子天冷时没有为孩子做好防寒保暖的工作，缺乏良好的卫生习惯。社会工作者引导其父母吃完饭需将碗筷清洗干净并放入碗柜，勤洗澡，房屋多通风及勤打扫卫生，定期为孩子剪指甲、剪头发，天气寒冷需保证温暖，平时多陪伴孩子做作业，共同完成老师及社会工作者布置的作业等。经过社会工作者多次引导及跟进，凤凤父母的卫生习惯有明显的改善，亲子关系也比过往有一定程度的改善，例如其父母现在吃完饭不再将饭碗扔在饭桌上，而是洗干净并放入碗柜中。

五、案例评估

（一）目标达成情况

社会工作者通过向服务对象及家人提供有用信息，整合社区资源，增强了服务对象的社会支持系统，促进服务对象的家人得到了更多的关注，改善了居家环境，也为服务对象提供了益智玩具、学习资料等。

社会工作者通过多次家访，耐心倾听服务对象及其家人心声，向服务对象及其家人表达关怀、同情，积极链接资源，提供必要的情感支持，使服务对象一家的生活得到了一定程度的改善。

（二）服务对象的评估

服务过程中，每当社会工作者家访或者是提供信息时，服务对象的父亲总会向社会工作者表达谢意，或者反馈服务对象现在比以前活泼开朗，见到陌生人能大声打招呼。

（三）镇妇联、镇两新党组织书记、志愿者的评估

镇妇联、镇两新党组织书记、志愿者纷纷赞扬社会工作者，多亏有了

社会工作者深入凤凤家中，用心用力解决凤凤一家的揪心事、烦心事、操心事，让其不仅在学业上有了进步，生活技能也得到了一定的提升，社会工作者的个案服务让凤凤一家有了实实在在的获得感、幸福感、安全感，并叮嘱社会工作者，今后站点有活动必须通知他们，他们愿意充分利用自己的空余时间积极参加站点所有活动。

（四）社会工作者自评

经过 6 个多月的服务，服务对象及其家人的社会支持系统得到增强、家庭经济压力得以缓解、服务对象在专注力上有所改变，开始能够专注地去做一件事，积极与老师打招呼，以及其家人也得到了情感支持。

六、服务成效

（1）在前期的陪伴中，社会工作者与服务对象及其家庭建立起了比较高的信任度。接案以来，社会工作者通过定期走访，凤凤从刚开始面对社会工作者很沉默和害羞，不敢开口说话，一直低着头，到现在见到社会工作者能够主动打招呼，也会跟社会工作者分享自身的生活琐事以及在学校与同学的趣事等。

（2）提高了服务对象的生活技能，服务对象开始注意个人卫生和家庭环境卫生，做到了饭前洗手、常洗头发、常剪指甲等。同时，服务对象父母的卫生习惯也有所改进，给孩子营造一个卫生、整洁、舒适的生活环境。

（3）通过镇、社会组织、志愿者等资源链接，服务对象家庭经济压力得到了一定程度地缓解，居家环境得到较大程度地改善。

（4）服务对象父母在照顾孩子方面也有了改进，为凤凤及两位哥哥提供了更全面的照顾，有时候还会陪伴孩子写作业；在生活上，也经常提醒凤凤及哥哥注意卫生及做好防寒保暖等措施。

七、专业反思

（1）社会工作者专业技巧的应用对信任关系的建立至关重要。通过运用倾听、同理、鼓励等技巧，社会工作者取得了服务对象的信任，让服务对象打开了心扉；此外，社会工作者要创新与服务对象的沟通模式，了解青少年常用的沟通方式，以便更好地与他们展开话题。

（2）因介入时间短和深入不够的关系，此案例中仍有未尽事宜：如缺乏服务对象及其哥哥的智力及精神情况的医学诊断、学习辅导，服务对象及其哥哥遭受校园欺凌事件，引导其父母学习合理使用资金及后期自我保护技能的培训，家里厨房的漏雨问题等，未来社会工作者将进一步深入跟进，将未尽事宜逐步推动解决。

（3）社会工作者在平时工作的过程中，要善于积累手中的资源和做好资源分类，学会整理与运营资源库。当社会工作者遇到服务对象所需要的资源时，社会工作者可以在资源库中寻找。

（4）对于服务对象这种困境儿童，需要做好为困难群众兜底工作，亦需不断地完善学校、村委会、团委、妇联和民间机构的儿童体系分工和合作，搭建一个更加完善的儿童保护体系，使服务对象能及时求助，社会工作者能更及时发现服务对象存在的问题，为服务对象提供精准化的服务。

（5）效果与效率问题。社会工作个案服务常常需要很长一段时间才能见效，立竿见影的服务比较少，然而服务对象的问题随着时间的推移会表现出更多。因此，社会工作者需要把服务做得细致且周到，让服务对象看到效果。社会工作者不仅要注意效率的问题，更要注意效果的问题。

点评

本案的个案对象是一个特困的残疾家庭，由家庭情况描述可知，父母都是智力残疾，3个孩子的智力水平也低于同龄孩子。社会工作者积极运用专业方法与服务对象建立信任关系来影响他们，努力促进孩子们与同辈交流融合，努力引导家长学习照顾孩子们日常生活。同时，通过多方链接资源，从物资帮扶、教育帮扶到产业信息提供，引导服务对象改变生活环境，改善生产生计。本案例做了精细的计划，开展了细致的服务，链接了多方资源，也协助服务对象织密了社会支持网，取得了良好的成效。诸如此类的特困家庭救助，政府帮扶救助的政策要用充分，社会各级的帮扶要用全面，最重要的是要实现特困家庭在生计生产方面的突破，摆脱特困状态。其实，这也是一个大课题，就是社会工作如何助力乡村振兴。社会工作不仅要以一个人、一个家庭为服务对象，更要着眼于一个社区、一个地区的发展，充分挖掘乡村的发展优势，充分展示乡村的价值，充分培育乡村的社会组织，这样才能更好地回应村民的需求。

案例六：共建学园，共同成长

——海滨街道社工站　430课堂成长记

湛江市霞山区海滨街道社会工作与志愿服务协会　冯丹露、陈凤连

一、背景介绍

（一）社区概况

海滨街道海宁社区傍依湛江八景之一的观海长廊，常住人口10965人，2860多户。海宁社区公共服务站占地面积623平方米，设有党员活动室、驻点工作室、党代表工作室、四点半课堂、社区家园网、图书室、阅览室、志愿者工作站、综治维稳工作站、法律服务站等13个功能室。社会工作者站驻点于湛江市霞山区海滨街道海宁社区，现有3名持证社会工作者，为辖区困境人群，特别是低保低收入家庭、残障人士、空巢老人等民政服务对象提供服务，旨在与合作方、居民建立良好关系，挖掘并整合社区资源，活化社区资源，建立志愿者队伍，培育并发展社会组织，推动本土社会工作的开展。

对于社会工作者的到来，海宁社区居委会表示欢迎并给予大力支持，将办公室免费提供给社会工作者使用，社会工作者可借用居委会场地开展服务。社会工作者通过开展服务，让街道及社区工作人员，以及许多社区居民理解了社会工作者的工作内容，社会工作者的专业性也得到认可。

（二）430课堂缘起

社会工作者站通过走访、访谈社区工作人员等途径了解到海宁社区双职工家庭较多，部分家庭因经济因素未能为子女报托管班，子女存在放学后等父母接送的“空窗时间”，安全难以保障，社区困难家庭的儿童也存在课业辅导困难等情况。

二、分析预估

社会工作者本着“弱势优先”的价值观为社区的儿童提供服务。街道及社区的领导建议社会工作者站开展430课堂。因社会工作者在入驻社会工作者站时均有相关专业经验，因此初步确定开展430课堂。社会工作者通过与街道、社区领导的沟通，获得了430课堂的场地，利用海滨街道地理位置的优势，寻求高校志愿资源。

（一）缓解家庭照顾压力的需求

双职工家庭要兼顾工作和照顾子女，压力较大，特别是多子女或家庭经济情况一般的家庭，父母的负担更大。因此，开展430课堂，可以在一定程度上缓解双职工家庭照顾的压力。

（二）提升儿童学习能力的需求

部分儿童缺乏一定的学习技巧，学习成绩不理想。现代社会父母对子女很多都有“望子成龙，望女成凤”的期盼，儿童学习成绩不理想容易形成负面影响。要提升儿童学习能力，能缓解儿童压力，提高儿童自信心。

（三）整合社区资源，建立并发展社区志愿队伍的需求

中央文明办制定下发的《社区志愿服务方案》要求，坚持把开展志愿服务与创新社区治理结合起来，与学雷锋活动结合起来，大力培育和践行社会主义核心价值观，大力弘扬奉献友爱互助进步的志愿精神，以关爱空巢老人、留守儿童、残疾人为重点，广泛开展形式多样的志愿服务活动，建立完善长效工作机制和活动运行机制，推进社区志愿服务制度化，促进学雷锋活动常态化，营造“我为人人，人人为我”的良好社会风尚。

三、服务计划

（一）服务理论模式

1. 社会支持理论

社会支持网络指的是一组个人之间的接触，通过这些接触，个人得以维持社会身份并获得情绪支持、物资援助和服务、信息与新的社会接触。

依据社会支持理论的观点，一个人所拥有的社会支持网络越强大，就能够越好地应对各种来自环境的挑战。

2. 资产为本模式

资产为本模式是一种以内在发展为核心的社区发展理论与实践模式，强调以社区资产为出发点激活社区发展的内在动力、重视社区内所有资源与关键力量、发挥社区组织和机构的主导作用。

社区资产包括个人资产、社区组织资产、社区团体及部门资产、自然资源及物质资产。其着重发动、运用及联结以上四类社区资产，推动社区的内在发展。强调社区内居民、团体去界定社区问题及参与推动社区事务的能力。发动社区内在力量与资源是首要及优先考虑的工作策略。

（二）服务目标

任务目标：缓解家庭照顾压力。通过开展430课堂，填补放学后、家长下班前两个小时的“失管时间”。

过程目标：提升儿童学习能力。在儿童参与430课堂功课辅导过程中，为儿童提供学习方法及技巧的指引；整合社区资源，建立并发展社区志愿队伍。在每期的430课堂开展过程中，不断吸收新的志愿者，在开展服务的同时，持续壮大志愿服务队伍。

（三）服务策略

1. 运用社会支持理论

社会工作者通过发掘双职工及困难家庭，主动与其建立关系，为其提供社会资源以满足家庭及个人的需求。

（1）多种途径宣传招募。通过线上及线下发掘双职工及困难家庭。

（2）提供社会支持网络。确定服务对象，建立专业关系，链接社会资源，提供课业辅导服务。

2. 运用资产为本模式

社会工作者应摸清社区情况，整合及链接社区资源，落实活动场地，壮大志愿队伍。

（1）完成社区行动研究报告，整合社区资产。社会工作者通过前期对社区的调查研究，整合社区资料，撰写社区行动研究报告，为后续发展提供有力的支持。

(2) 盘活社区资源，寻找活动场地。社会工作者深入了解社区发展情况，与街道、社区多次沟通协调，确定活动场地。

(3) 发动社区志愿力量，发展志愿服务队伍。社会工作者通过宣扬志愿精神，鼓励居民参与志愿行动，链接高校资源，与高校志愿团队达成合作意向，确保志愿者文化教育水平，为儿童提供适合的服务。社会工作者为志愿者提供专业培训，提升志愿者服务技能。

(四) 服务程序

1. 起步阶段

2017 年 7 月至 2018 年 6 月，主要任务：完成社区行动研究报告，摸清社区居民、社区资产等方面情况；招募服务对象，建立专业关系，并进行建档；寻找高校志愿服务团队，为其提供专业技能培训；建立 430 课堂管理制度，开展两期 430 课堂，每学期期末进行 430 课堂总结；通过公众号等途径宣传 430 课堂，扩大 430 课堂的影响力。

2. 发展阶段

2018 年 9 月至 2019 年 6 月，主要任务：在起步阶段的基础上，保持与学校联系，与学校合作，精准识别服务对象；培育骨干志愿者，负责招募、管理志愿者团队，发展儿童志愿者，表彰优秀志愿者；完善 430 课堂管理制度，开展两期 430 课堂，与家长建立关系，针对个别学生进行个案跟进。

3. 成熟阶段

2019 年 9 月至 2021 年 1 月，主要任务：在发展阶段的基础上，丰富 430 课堂内容，运用志愿者资源，开展第二课堂；鼓励学生在期末 430 课堂总结会上展现自我风采。

四、服务计划实施过程

(一) 起步阶段

1. 不同途径，不断尝试招募儿童

自确定开展 430 课堂后，社会工作者通过站点会议确定接下来的跟进目标及方向，儿童招募是一大难点。2017 年 9 月，社会工作者站入驻社区刚满两个月，社会工作者对社区有了初步的了解，居民对社会工作者的认知度较低，儿童招募比较困难。社会工作者尝试通过制作宣传单并在各小区宣传栏粘贴的方式宣传招募 430 课堂儿童，然而收获甚少。辖区内共有两所小学，其中海景学校因放学较晚，因此社会工作者考虑重点招募第二十五小学的儿童，社会工作者尝试在学校门口摆摊宣传，但收获不大。与此同时，社会工作者通过线上方式，即公众号、微信群等途径宣传，结果也并不理想。社会工作者就招募难题与社区领导沟通，领导为社会工作者提供了学校老师的联系方式，社会工作者通过与学校联系，达成合作意向，学校为 430 课堂招募儿童，社会工作者则根据学校给的名单通知儿童参加 430 课堂。

社会工作者通过前期的不断探索，成功招募到 430 课堂的第一批儿童。之后的五期 430 课堂也是通过学校协助招募儿童。

2. 不断坚持，努力寻求志愿资源

社会工作者通过前期的努力，落实了 430 课堂的场地，招募了儿童。在还没招到志愿者之前，都是社会工作者亲自辅导儿童课业。430 课堂辅导是每周一至周四下午开展，每天都需社会工作者在场辅导，非常耗费社会工作者的精力及时间，社会工作者亟须寻找志愿者。社会工作者都是本地人，对周围的资源环境比较熟悉，确定了附近几所高校后，社会工作者分批进入高校找志愿者。社会工作者去了广东海洋大学霞山校区、广东海洋大学海滨校区、广东医科大学等。机缘巧合，社会工作者在广东海洋大学海滨校区找到了志愿服务队成员，通过成员找到了其负责人，此后社会工作者与其志愿服务队负责人沟通，达成合作意向，社会工作者将招募志愿者的重担交给志愿服务队负责。

成功招募到能够长期合作的志愿者，社会工作者非常开心也非常重视，邀请志愿者前来 430 课堂参观，为志愿者能更快适应课堂服务环境、PPT 讲解等方式进行培训。第三期 430 课堂开展时，社会工作者培养的骨干志愿者可以做到为新志愿者培训，在提升志愿者能力的同时也为志愿者提供施展能力的平台。社会工作者保持与志愿服务队的联系，尊重对方的想法，建立了非常良好的关系，也为之后第二课堂的开设扩大奠定了基础。

为了更好地维系与志愿队的合作关系，提高志愿者对430课堂的归属感及认同感，社会工作者每年组织志愿者进行团建活动，每期430课堂结束都会评比优秀志愿者，颁发优秀志愿团队奖励。每次430课堂，志愿者都可以在“i志愿系统”报名参加并获得志愿时数。

（二）成长阶段

1. 完善制度，助力儿童快乐成长

我们和430课堂儿童有个约定——430课堂规章制度。为提高课堂上儿童学习主动性，强化儿童遵守课堂纪律行为，让儿童能够在430课堂有一个更好的学习环境，社会工作者与430课堂的儿童共同制定了430课堂规章制度以规范430课堂的纪律，还签订安全协议书，共同维护430课堂的安全秩序。

学习和娱乐两不误。不断完善430课堂制度管理后，社会工作者也丰富了服务内容，引入了儿童桌游，儿童在完成作业后，有各种各样的益智游戏等待着大家。这里不仅仅只有学习，还可以认识很多朋友，还有游戏，更多的是欢乐。奖惩有制度，为鼓励430课堂儿童学习的主动性，建立每天有星星评比、每月有星星换礼物的激励机制，每位儿童都可以依靠自身努力成为430课堂最闪耀的星星。

430课堂开营仪式拉开学习的帷幕，430课堂总结会记录动人的画面。社会工作者和儿童第一次在这里相识，一起制定规章制度，共同守护彼此的约定。430课堂总结会给予430课堂的小朋友一个舞台，展现社区儿童表演才能；给予志愿者荣誉的讲台，430纪念册的播放，将大家带回到了430课堂的日常，记载了儿童认真学习的样子，记载了社会工作者与儿童互动的欢乐时刻，还记载了志愿者们的靓丽身影，成为大家美好的记忆。430课堂总结会也是社会工作者、协会志愿者的表彰大会。在总结会上，430课堂的儿童身份转换为颁奖嘉宾，为430课堂的优秀志愿者颁奖。那张奖状不仅仅代表430课堂儿童对志愿者的感恩，感谢他们一直以来的用心、耐心和细心，也增强了志愿者的荣誉感和对430课堂的归属感和向心力。

2. 精准化服务，促进儿童正面成长

430课堂不仅仅关注儿童的学习成绩，更加关注儿童的成长，不断挖掘小朋友的特长以及兴趣爱好。每一位430课堂的儿童在参加430课堂前都会完成一份调查问卷，社会工作者根据调查问卷精准化了解到儿童的需求。430课堂的儿童还有专属的成长小册子，志愿者们会将430儿童每一天的学习情况记录在成长小册子中。社会工作者根据志愿者的反馈对个别儿童进行跟进，关注其行为、情绪等，建立个案跟进，引导儿童快乐成长。

社会工作者秉承“助人自助”的基本原则，提高430课堂儿童的志愿、自助能力。在儿童完成作业后，社会工作者会鼓励高年级儿童给低年级儿童辅导作业，希望儿童在接受帮助的同时也学会感恩，学会助人，在助人的过程中感受到志愿的意义，享受助人的快乐。

3. 丰富服务内容，开展多元化活动

（1）链接志愿者资源，从主导到赋权，丰富服务内容。430课堂在开学期间的周一至周四主要是进行课业的辅导，在周五有丰富多彩的第二课堂活动。在以往开展活动时，社会工作者占据主导地位，负责主持、策划活动的一切流程，一手包办。慢慢地，社会工作者逐渐退居二线，链接志愿者资源，实现从主导到赋权的一个转变。志愿者全程主导开展了2019年4—6月的“声声入耳”朗诵小组、2020年11—12月的趣味课堂（海洋专题）活动。这些活动不仅提升了儿童的朗诵能力，丰富了儿童的业余生活，拓宽了其视野，同时也提高了志愿者的活动策划主导能力，也让志愿者们意识到作为志愿者不只是协助活动，他们也可以站在舞台中间成为活动的主角。赋权是对服务对象的一种尊重，在提高服务对象能力的同时，更增强了他们社区主人翁的责任感。

（2）培育小志愿者，从自助到助人。在第四期的第二课堂中，为进一步树立“学习雷锋，奉献他人，提升自己”的志愿服务理念，倡导时代新风正气，社会工作者不断激励和引导儿童树立积极向上、乐于助人的精神境界和价值追求。在第四期的第二课堂中，社会工作者通过培育儿童志愿者队伍，从志愿者管理、服务内容、服务方式、沟通技巧四大方面培训小儿童志愿队伍，通过小组活动的开展，小儿童志愿者的参与积极性越来越高，对活动的表现形式越来越有自己的想法。在2019年5月开展的“感恩母亲，让爱随行”的母亲节活动中，各位小志愿者充满真情的一声祝福——节日快乐，让各位在场的妈妈红了眼眶，欣慰地笑了。

4. 及时梳理，善用反馈，构建沟通桥梁

在430课堂结束后，社会工作者及时梳理，进行线下沟通或是线上微信反馈给家长儿童在430课堂的情况，通过成长小册子的记录让家长知道儿童在430课堂的表现，以及家长日常未发觉的儿童的优点。在日常和家长的互动中，构建儿童与家长间的沟通桥梁，不仅激发了儿童对430课堂的喜爱，也加强了家长和课堂的黏性，以便发展家长成为社区志愿者、成为主导者，为课堂服务出谋划策。

五、服务成效与评估

（一）家庭层面

缓解家庭照顾压力。在430课堂开展之前，每天下午4点半到6点是儿童“失管时间”，给过早放学的儿童和由于工作在那段时间无法照顾儿童的家长带来了烦恼。“失管时间”成为儿童安全事故频发的时间段，也因无人看管导致儿童成绩直线下降。430课堂的开展有效地填补了儿童放学后、家长下班前两个小时的“失管时间”，打造了儿童共享学园，为儿童提供了课业辅导，缓解了其家庭生活压力。

（二）儿童层面

1. 搭建平台，建立朋辈支持

社会工作者组织了年龄相仿、生活环境和经历相似的社区留守、流动、低保、边缘、残障、贫困、放学后无人看管的双职工家庭的儿童交流互动，提高儿童的认知、协作以及沟通能力，分享学习经验，改善朋辈关系，建立朋辈的相互支持网络。430课堂开展7期以来，发生吵架和打架事件的次数为零，即使是不同年级的儿童，在参加了430课堂后都相互认识了，也成为了好朋友。

2. 提升儿童学习能力、表达能力，助力儿童快乐成长

430课堂主要为儿童提供课业辅导和学习方法的指引，帮助儿童解决学习上的问题，进而提高儿童的学习水平，养成良好的学习习惯。部分儿童的成绩提升显著，有一名儿童的成绩与上学期末相比，整体提升了48.5%，其中数学成绩提升了106.7%。每个学期末的430课堂总结会上，

社会工作者都会给予430课堂的每一位小朋友一个舞台，展现儿童表演才能，即使性格腼腆、不善于表达的儿童，在总结会那天都能勇敢地站上舞台展现自我。

3. 契合“助人自助”的基本原则，提高430课堂儿童的志愿服务能力

在430课堂开展的前几期，都是由志愿者辅导儿童学习。现在高年级儿童给低年级儿童辅导作业，儿童在接受帮助的同时也学会了感恩、学会了助人，在助人的过程中感受到志愿的意义，享受助人的快乐。志愿者小组是由430课堂延伸的小志愿者队，通过小组活动的开展，儿童志愿者参与活动的积极性提高，对活动的表现形式越来越有自己的想法，在开展的“感恩母亲，让爱随行”的母亲节活动中，各位小志愿者的志愿服务，让各位在场的妈妈红了眼眶，欣慰地笑了。

4. 用爱陪伴，为儿童提供积极的向导服务，助力儿童健康成长

经过培训后的高校志愿者，在社会工作者的督导下，向儿童提供爱的陪伴，在辅导的过程中通过关爱来促进儿童树立正确的价值观和养成积极的行为习惯，促使儿童在日常的沟通交流中能够文明用语，不欺凌，友善待人。

（三）社区层面

培育专业志愿者队伍，为社区志愿者服务可持续发展提供有力的保障。在430课堂未开展前，社区主要依托社区工作人员或者社会工作者开展社区服务，导致活动的开展受到了很大的限制。在430课堂开展后，依托430课堂，社会工作者通过链接高校志愿者队伍，与志愿者的合作常态化，从而培育了高素质志愿者服务团队，为社区志愿者服务可持续发展提供了有力的保障。日后，即使没有社区工作人员和社会工作者的指导，430课堂也能正常可持续开展下去。

（四）项目层面

1. 丰富服务内容，开展多元化活动

从单一的课业辅导服务内容到多元化活动，助力儿童全面成长。430课堂从最初的课业辅导逐渐延伸到了趣味第二课堂、朗诵小组、志愿者小组等形式多样的服务内容，助力儿童全面成长。

2. 从主导到赋权，活化社区服务力量

在以往开展活动时，社会工作者占据主导地位，负责主持、策划活动的一切流程并一手包办。慢慢地，社会工作者退居二线，实现从主导到赋权的一个转变。目前的生动有趣的第二课堂、430 课堂的开营仪式都逐渐赋权由志愿者和服务对象主持并开展。

3. 项目制度化、可复制性促进项目，更多儿童获益

430 课堂经过持续开展，不断完善，逐渐形成了具有安全制度、纪律制度、签到签离制度、志愿者培育制度等一套完整制度性的服务，具有很强的推广性和可复制性，可通过以点带面，传授服务经验来使更多儿童获益。

六、服务反思

（一）以点带面，拓宽范围

社会工作者在不断完善项目的过程中，因受服务场地的限制，导致每期的 430 课堂最多只能服务 20 位儿童。因此可以规范项目，使项目制度化、可复制化，通过以点带面的方式，向其他社会团体传授经验，以服务更多的儿童。

（二）指导家长，辅导孩子

家庭是影响儿童健康成长最主要的地方。在服务过程中社会工作者不仅要关注儿童的成长，更需要注重从个人到家庭服务模式的转变。社会工作者加强了与家长的沟通，引导家长用更合理的方式解决儿童的问题。在儿童遇到困难的时候，社会工作者引导儿童寻找问题的根源，培养儿童发现问题、解决问题的能力。社会工作者积极引导家长不要低估儿童的成长智慧，要创造机会让儿童体验。家长需要适当放手，儿童才会直面生活，突破自己，变得更加独立、坚强、勇敢、自信。

（三）丰富内涵，创新合作

本着“走出去，迎进来”的开放性思想，社会工作者积极链接站点外的各项资源，加入更多创新的模式，共同推动服务形式多元化。多方合作，社会工作者扮演好统筹的角色；社区扮演好参与支持的角色，如改善

课堂硬件设施，提供硬件支持；学校扮演好协助宣传的角色，招募确定430课堂儿童人员名单；家长共同参与；社会工作者尊重家长提出的建议，共同为做好430课堂出谋划策，最终达到自助、互助、参与、共享的目的。

（四）提升能力，提高水平

社会工作是“为人服务”的专业，社会工作者是推动社区建设的基本力量。这就要求社会工作者要有更加扎实专业的理论基础，将理论和实践相结合，在学中做，在做中学。社会工作者要坚持“为人服务”的基本价值理念：平等、接纳、不歧视，保持一颗服务的心，真诚平等地对待服务对象，设身处地地从服务对象的处境出发思考问题，多与他们交流，接纳他们，倾听他们，用一颗炽热的心为他们提供服务。同时社会工作者需要在服务过程中不断地去总结、不断地去反思，并以此提高自己的工作能力和服务水平。

点评

“双减”政策背景下，430课堂较好地满足了家长们托管的刚性需求。430课堂是较为普遍的一项社区服务，不过大多数社区工作都是有一个精彩的开头，却落下一个不了了之的结尾。这其中最核心的原因是志愿服务队伍招募培育工作没有跟上。本案抓住了志愿者招募这一关键，充分利用了社区现有的高校资源优势，与高校大学生志愿服务队联系，链接到大学生志愿者可以提供恒常的志愿服务。另外，本案还有一个创新之举，就是直接培育中、小学生志愿者，引导高年级的学生为低年级的学生提供课业辅导志愿服务。“社工+志愿者”是社区社会工作服务成熟有效的工作机制，引导培育志愿者、链接整合志愿服务资源，招募培育志愿者看似简单，实则不易，充分利用社区资产优势来实现这一目标，显然是一条可以复制的经验。对430课堂服务项目来说，其实还可以考虑引入家长志愿者、老年志愿者，特别是有教育能力和精力的老年志愿者，让“一老一小”通过430课堂这一载体结合起来，既发挥了老年志愿者的余热，又充实了老年人的生活。

中篇

家庭和谐：社会工作在努力

篇首语

以城乡低保家庭为代表的困难群体保障问题是社会工作重点关注的社会服务领域，也是推进基层社会治理现代化、促进城乡融合发展的重要议题。本篇以广东省湛江市各社区低保家庭、残疾人家庭为例，从解决困境家庭的现实利益问题入手，制定特殊困境群体的社会工作介入服务方案，并通过情绪疏导、危机干预、理性情绪治疗等专业技巧展开个案服务。这些困境家庭在日常生活中面临着家庭经济状况窘迫、社会支持网络断裂、社会保障服务缺失等问题，因此在建立健全社会工作服务体系基础上，开展专项救助服务、链接各项社会资源是纾解服务对象家庭困境的有效路径。

个案社会工作介入是本篇着重介绍的重要服务手段与方法。个案社会工作的实践旨在帮助服务对象重新认识其面临的主要问题，并通过相关服务计划与实施步骤改善服务对象所处的家庭与社会关系，创建其良性生活情境，从而引导服务对象完成心理疗愈，回归日常生活。在本篇中，案例以社会工作者的视角考察社会工作如何介入困境家庭并提供救助服务。如农村困境家庭疗愈赋能个案服务、残疾人家庭危机干预、妇女家庭暴力个案介入等案例，多采用个案工作的方法实现对服务对象的介入服务。社会工作者从服务对象面临的家庭、医疗、社会保障等多重障碍出发，通过信息搜集与需求评估、资料分析与预估、服务计划的制订与实施等步骤，完整呈现出服务对象存在的问题，并提出有效改善建议。总之，对这些案例服务过程的审视与分析，有助于社会工作者在社区日常生活中加深专业理论反思，厘清专业经验的实践逻辑，为构建民生领域的现代治理体系进行更多的本土化探索。

案例一：走近你，与你同行

——农村困境家庭疗愈赋能社工服务案例

湛江市官渡镇社会工作者站　陈思桃、陈慧慧

一、背景介绍

（一）基本资料

服务对象 LYJ，男，74 岁，困难家庭，背部因年轻时干重活导致无法挺直；妻子双目失明，育有七孩，其中两个孩子是收养的，最小的儿子小时候因病导致智力残障，尚有一女正在就读大学。无劳作经济来源，曾经是低保户，后来儿女逐渐长大外出以后，服务对象及其妻子被取消低保，现依靠小儿子的低保、妻儿的残疾人困难补贴，还有外出打工儿女的一点补贴维持日常生活。

（二）个案背景资料

1. 困难原因

服务对象年轻时务农谋生，妻子因 5 岁的时候生病，导致眼睛失明，无劳动就业能力，因育有七孩，且小儿子患有智力残疾，照顾压力过大，家庭收入低，成了低保。目前因部分儿女长大外出打工，已不符合低保条件，被取消低保。其儿女虽外出打工，但收入仅能维持自己生活，能够回馈家庭的资金不多，因此年事已高且无劳动能力的服务对象及其残疾妻儿生活依然困难，需要依靠智力残障儿子的低保和妻儿的残疾人生活困难补贴来维持生活。残疾小儿子没有接受特殊教育，年龄 20 岁左右，生活无法自理，存在照顾问题。

2. 文化水平

服务对象念过小学，虽然自身文化程度不高，但其对子女的教育培养

十分重视。生活虽然很困难，但也一心支持孩子们读书，有个女儿还考上重点大学，目前就读大学。

3. 身体情况

服务对象的身体因干重活而导致背部佝偻严重，无法直起腰走路，喜爱喝酒，曾经因身体不适而晕倒在地。

4. 收入情况

服务对象目前无农务劳作经济来源，主要依靠妻儿低保和残疾人补贴维持基本生活，以及外出打工子女偶尔的经济帮助。服务对象在自己家的小院子里养了几只小鸡，小鸡长成后卖掉获得额外收入，但不是每只小鸡都能养大，有时也会养来自己吃。

5. 生活环境

服务对象住一间平房，有小院子，虽然妻子眼睛失明，他背部无法直立干活困难，但他家还是打理得比较整洁，有条理。

6. 生活情况

服务对象每天很少出门，大部分时间围绕着自家院子活动，与有残疾的妻儿一起，相依为命。院子旁边有块小小的地，用来种点菜自己吃，养了几只小鸡，养成了去卖。日常生活十分低调，比较内向，较少社交。吃饭很早，极少娱乐，常常在家夫妻俩和儿子相对而坐。

7. 其他问题

服务对象人际交往不多，比较谨慎，闲聊日常话题可以，涉及个人情况，就不愿多聊。妻儿都是残疾人，照顾压力大，无劳动能力，自尊心较强。服务对象好喝酒，无酒不欢，身体虽不好，但戒不了酒，天天都要喝。

8. 重要事件

2019 年 5 月 6 日下午 4 时 30 分，服务对象向走访村居的社会工作者反映，今年有两个月自己和残疾妻儿的账户没有收到政府的最低生活补贴和残疾人补贴，生活出现困难。3 个人都行动不便，外出去询问原因甚是困难，希望社会工作者帮忙前去问清情况。

二、分析预估

（一）问题分析

服务对象向社会工作者反映，今年（2019 年）有两个月自己和残疾妻儿的账户没有收到政府的最低生活补贴和残疾人补贴，生活出现困难。3 个人都行动不便，外出去询问原因甚是困难，希望社会工作者帮忙前去问清情况。遭遇本次困难事件的原因如下：

（1）经济来源单一，经济压力大。家庭属于困难家庭，有两个残疾人，年老且无劳动能力，家庭收入依赖政府发放的保障金。

（2）家庭支持网络力度薄弱。部分儿女外出工作，一方面，因收入不高，仅能勉强维持自己生活，无法为家庭提供太多经济帮助；另一方面，在家庭遭遇一些事件时因不在本地也无法及时给予援助。

（3）社区支持网络不足。服务对象比较内向和自卑，与邻里交际不多，与亲戚关系也不密切，遇到问题一方面没有求助对象，另一方面也不好意思向他人求助。

服务对象及其家庭在生理、心理和社会关系方面存在的问题如下：

（1）生理方面：因年轻时干重活多，导致脊椎病变，背部佝偻严重，至今无法挺直背部走路。身体不是很好，爱喝酒，胃部常感不适，曾经在家门口晕倒需要叫救护车。妻子双目失明，最小的儿子智力残障，生活无法自理。

（2）心理方面：因家庭成员的残疾以及家庭经济困难的影响，比较内向和自卑，也因常年需要照顾残疾家人，压力比较大。

（3）社会关系方面：从社会网络支持理论看，其家庭支持网络的力度非常薄弱，子女外出务工或读书不在身边，亲戚关系不密切，邻里关系一般。

（二）需求分析

根据以上问题分析，各方的需求如下：

1. 针对困难事件

社会工作者需要紧急处理服务对象的生活困难事件，跟进家庭服务对象的低保账户问题，陪伴其渡过难关，为其点燃希望。

2. 服务对象及其家庭生理方面

作为家庭的顶梁柱和唯一的照顾者，服务对象身体健康尤为重要，但其饮食习惯较差，喜欢喝酒，无酒不欢，导致胃部不适以及心脑血管疾病等问题，故其需要学习如何健康饮食，学会进行自我健康管理。

3. 服务对象及其家庭状况方面

服务对象家庭照顾压力巨大，身体佝偻行动不便，妻子双目失明、小儿子患有智力残障，小女儿目前读大学，无获取经济收入的能力，大部分靠政府发放微薄的生活补贴度日，来自经济和照顾残疾家人的双重巨大压力，需社会工作者协助其缓解照顾压力。

4. 服务对象在人际交往方面的需求：渴望得到尊重、关心

一方面，其家庭处于社会的底层，自卑心理严重；另一方面，他也渴望得到大家的尊重和关心。社会工作者要帮助其展示自身的闪光点，增强其自信心和能力。

在遭遇困境时，除了社会工作者，服务对象没有可以求援的人。服务对象在社会支持网络方面的力度非常薄弱，需要构建与加强家庭、村干部和邻里之间的社会支持网络。

三、案例服务计划

（一）服务理论模式

1. 社会支持理论

社会支持理论指的是一组个人之间的接触，通过这些接触，服务对象得以维持社会身份并且获得情绪支持、物资援助和服务、信息与新的社会接触。

依据社会支持理论的观点，一个人所拥有的社会支持网络越强大，就能够越好地应对来自环境的各种挑战。社会支持网络分为正式支持与非正式支持。正式支持体系主要是由政府的老年工作组织机构、涉老组织机构构成的，主要包括贫困救助、危机干预、生活照料、老年人权益保障等多方面的内容。非正式支持体系主要有三类：一是家庭成员对父母的养老支

持；二是亲属对老年人的支持；三是非亲属对老年人的支持。非正式支持主要包括经济支持、生活照料、情感支持、精神慰藉等。

2. 人生回顾疗法

基于缅怀往事是老年期生活自然而然的一部分假设，巴特勒发展出了一套人生回顾概念体系，来帮助老年人重新评估一生中的好事、坏事，调和失败和成功。通过这一方法，老年人能从过去的经历中发现新的意义，从积极的角度看待这些经历，并获得老年生活的满足感。

人生回顾疗法能帮助老人面对人生危机，如患病，让老人从一生的角度来看待现有的疾病，会让他们看到身体不好只是自己一生中很小的一件事，避免他们以此否定自己的整个人生，陷入自卑自怜之中。人生回顾疗法对于要找寻人生意义和目的的老人或许最有帮助，他们可以从过去的成就中肯定自我。

（二）服务目标

（1）协助服务对象缓解经济困境，跟进服务对象家庭的低保账户问题，陪伴其渡过难关，为其点燃希望。

（2）引导服务对象关注自身的健康危机，协助其进行健康管理，控制喝酒频率以及数量，改善身体状况。

（3）链接资源以及陪同成长，令服务对象患有智力残疾的儿子获取自理自立能力，减轻服务对象照顾家庭的压力。

（4）与服务对象梳理清楚人生各个阶段的喜怒哀乐，总结梳理服务对象人生的闪光点，增强服务对象及其家庭的权能感。

（5）引导已就业子女对自己的家庭给予关注以及照顾，给予服务对象家庭关注，完善家庭支持网络。

（6）链接社区资源，鼓励服务对象更多走出家庭，参与到社区长者群体活动中，获取归属感，协助其构建社区支持网络。

（三）介入策略

运用任务中心模式处理服务对象的生活、健康管理以及照顾压力等问题。社会工作者在提供个案的过程中要注重提高服务对象承担任务的积极性，确定履行此任务的各种细节与步骤，估计可能出现的阻力，模拟预演履行此任务的行为，总结并不断给服务对象鼓励，同时对服务对象的成功持乐观期望的态度。具体介入程序为：

（1）社会工作者与服务对象找到目标问题。

（2）社会工作者与服务对象就目标问题、服务时间及服务安排达成协议。

（3）根据服务对象对各问题的焦虑程度，确定处理的先后次序。

（4）双方就有关问题选择及确定任务，同时分配这些任务给服务对象及社会工作者。

（5）服务对象与社会工作者完成有关任务。

（6）检验成果并计划服务对象在辅导结束后应该继续履行的任务。

（四）服务程序与进度安排

1. 第一阶段：协助服务对象缓解经济困境（2019 年 5 月 6—31 日）

2019 年 5 月 8 日，社会工作者带着服务对象的问题到政府相关部门为服务对象咨询生活补贴的相关问题，相关人员解释了补贴的发放标准，并查看了服务对象及其家人的补贴发放情况，得知服务对象家人的补贴刚刚已经发放，但由于其家庭情况的变化，服务对象及其妻子的低保补贴因不符合标准停止发放。相关工作人员表示其残疾人儿子可以拿旧低保证去换新低保证，这样就可以申请残疾人生活困难补贴。社会工作者把咨询到的信息告知服务对象，服务对象请社会工作者协助其儿子申请残疾人生活困难补贴。

服务对象向社会工作者反映自己被取消了低保，孩子出去工作，但仍未有支持家庭的能力，自己以及妻子是农民，妻子失明，行动不便，小儿子智力残疾，生活起居需要被照顾，一下子停掉全部救助，经济压力大。社会工作者对服务对象的处境表示同情，同时也为其解读政策，与服务对象探讨家庭收入来源以及经济压力情况，承诺协助其申请残疾人补助以及残疾人生活困难补贴。

5 月 8 日下午社会工作者到服务对象家庭搜集其需要补办新低保证书的相关材料，直接交给镇政府，镇政府还需将资料上交，表示下个月开始就会发放残疾人困难补贴。

2. 第二阶段：完善其家庭支持网络和社区支持网络（2019 年 6 月 1 日至 10 月 31 日）

社会工作者与服务对象一起探讨家庭资源、沟通协调家庭关系以及促进家庭功能的发挥。另外，服务对象家庭很少与外界接触，缺乏心理援助以及归属感，社会工作者鼓励服务对象加入长者电影坊、健康堂等互动互助团体当中，并链接村居青少年义工服务，例如入户送温暖、测量血压等，为服务对象家庭注入活力。2019年6月7日开始，社会工作者每半个月带领志愿者一起为服务对象家庭进行血压测量，并做好血压登记，为服务对象建立健康档案。服务对象喜欢喝酒，血压基本正常，但偶尔会出现头晕头痛的症状，社会工作者与其沟通了健康管理身体的重要性以及尝试与其制订行动计划，其妻子比较赞同，服务对象也认识到喝酒会损害身体健康，但还是认为喝酒才能满足自己，暂时不愿意改变这个习惯。8月份社会工作者邀请服务对象出门参加社区电影坊，服务对象口头答应，暂未行动，社会工作者深入了解是因为村里没有路灯，晚上出门不太方便。社会工作者需要重新思考融入社区形式，计划在10月份的长者健康堂设置适宜的活动形式，再次发起邀请。

3. 第三阶段：引导服务对象关注自身的健康危机，协助进行健康管理（2019年9月10日至11月10日）

社会工作者通过分享一些健康危害事件，与服务对象一起探讨其身体的健康隐患，令服务对象意识到健康管理的重要性以及紧迫性。社会工作者为服务对象提供健康的饮食以及生活安排，制订健康的行动计划，监督行动计划的执行。另外，社会工作者邀请服务对象参加村居长者健康堂的服务，增加其健康生活的知识并从同类群体成员中获取心理支持。

社会工作者每月回访服务对象家庭，与其探讨目前面对的困难以及跟进健康情况，慢慢发掘出服务对象家庭的优势条件。服务对象开心地跟社会工作者分享9月21日是自己的生日，在佛山工作的儿子会回来替自己庆祝，有一个儿子已经在湛江工作。社会工作者赞赏他们的孝顺和陪伴，并鼓励服务对象家庭要对未来充满信心。服务对象很喜欢社会工作者到他们家里聊天，可以促进他们与外面的互动，有被人理解的感觉，让社会工作者多来。9月份开始，社会工作者与服务对象约定要每天少喝小半杯酒。

4. 第四阶段：链接资源以及陪同成长，令服务对象患有智力残疾的儿子获取自理自立能力，减轻服务对象照顾家庭的压力（2019年10—12月）

社会工作者与服务对象沟通其患有智力残疾的儿子的照顾问题，服务对象认为照顾压力非常大，也担心他们夫妇年纪越来越大，儿子没办法独立照顾自己。社会工作者与服务对象探讨如何链接特殊教育资源，锻炼其儿子的独立生活能力。社会工作者与服务对象夫妇分享简单的家庭教导方法，协助其儿子掌握自我照顾的能力，从而减轻服务对象照顾家庭的压力。

5. 第五阶段：总结梳理服务对象人生的闪光点，增强服务对象及其家庭的权能感（2019 年 10—12 月）

服务对象夫妇纯朴勤劳，养育 7 个孩子长大成人非常艰苦，但服务对象家庭并没有更多发现自身的生命力以及毅力，缺乏自我认同，比较自卑。社会工作者可以协助服务对象完成家庭生命力回顾，寻找闪光点，增强服务对象家庭的权能感。

四、服务计划实施过程

2019 年 3 月，社会工作者到服务对象家中了解情况，服务对象的妻子向社会工作者反映了过完年后，自己的账户没有收到低保或者残疾人补贴。社会工作者认为可能补贴到账时间有延误，服务对象的妻子也认同，于是暂时等待观望。

2019 年 4 月，社会工作者到服务对象家进行探访，彼时恰逢其一家人正在吃晚饭，他们对社会工作者的来访十分高兴，其妻子再度向社会工作者反映今年的补贴仍没有发放。社会工作者答应去帮他们跟进一下，还为两夫妇提供了量血压、健康咨询服务。

2019 年 5 月，社会工作者跟进之后了解到低保补贴已经发放，并告知服务对象妻子她的低保由于部分孩子出来工作的原因已经取消，但残疾人补贴继续发放。她患有智力残疾的儿子的低保不受影响。同时她的儿子可以去更换低保证，以申请多一份残疾人生活困难补贴。

2019 年 6 月，社会工作者再度到家中进行探访，了解各项生活补贴的发放情况，服务对象的妻子告知社会工作者，补贴的发放已落实下来，继续按月发放。

2019 年 7 月，社会工作者进行探访，注意到一个问题：两夫妇平日生活十分单一无聊，除了生活起居，没有什么特别的事情可做，大门不出二门不迈的。虽然住在东岸村有很长时间了，但是也不怎么认识村里的人。除了种点菜和养鸡以外，便再无其他事情可做，整日坐在家中院子里，面对一个智力有残疾的儿子，哪里也去不了。因此对社会工作者时常来探访聊天感到开心。社会工作者表示会定期多来探望他们。此次到来，社会工作者还为服务对象夫妇提供了量血压、健康咨询服务。

2019 年 8 月，社会工作者再次进行回访，彼时是下午 4 点左右，刚好遇上服务对象一家在吃午饭。他们吃饭的时间不是很固定，说什么时候饿就什么时候吃，不会按时间点吃饭的。吃饭的时候，服务对象一边吃饭一边喝酒。此时社会工作者了解到，服务对象十分好酒，每日无酒不欢，每天多则难说，少则至少两杯酒下肚，杯子是那种大酒杯。他也爱抽旱烟，天天抽烟，对自己的健康管理意识不强。同年 1 月，服务对象还因突发肚子疼痛，昏倒在自家门口。社会工作者叮嘱他千万要少碰烟酒，并慢慢戒掉。此次到来，社会工作者还为服务对象夫妇提供了量血压和健康咨询服务。妻子的血压偏低，服务对象的血压正常。

2019 年 9 月，社会工作者再次来到服务对象家中进行探访，与服务对象夫妇唠家常，倾听他们的生活琐事，赞赏他们的能力，了解他们的近况和需求。听他们谈起儿女，谈起新建的娶媳妇屋，谈起自己无所事事的日常生活。服务对象依然每天抽旱烟、喝酒，社会工作者再次向他说明烟酒的害处，建议他逐渐戒烟酒。社会工作者起身告辞的时候，服务对象夫妇一如往常地把社会工作者送到门口，表示社会工作者有空常来坐坐。

2019 年 10 月，社会工作者再次到服务对象家中跟进其健康管理状况，倾听其近况及需求。社会工作者通过聊天了解到服务对象依然喝很多酒和抽烟，依然很少出门，很少与其他人打交道，也不太运动。这样的状况很不利于健康。社会工作者了解到他很难远行的原因是因为妻儿都有残疾，家里做饭都是他，他需要照顾家庭，久而久之也就不怎么能长时间外出了。了解到他的难处之后，社会工作者认为最近在筹划开展的长者健康堂很适合他去参加，地点就在东岸村，活动时间又短，又有村中其他长者参与，内容围绕身体健康展开，既能活动身心，又能一起在群体里提升健康管理意识，更可以发展长者群体的交际。于是社会工作者特别邀请、劝说服务对象报名参加长者健康堂活动。最终他答应了。社会工作者认为这是一个很好的开始。

服务对象家庭因困境陷入自卑，与社区联结感弱，缺少支持网络。社会工作者积极邀请服务对象参加社区长者健康堂活动，通过社会工作者积极邀请以及疏导，2019 年 11 月 12 日服务对象参加到长者互助小组当中，在活动中他和其他长者一起学习健康手指操，关注健康，同时获得其他长者对他的赞许，肯定他年轻时候出海打渔的出色表现，增强了其权能感。

在社会工作者邀请服务对象的过程中，其一开始比较回避这个话题，表达自己比较喜欢待在家里，吃完饭睡睡觉就好，不喜欢跟外面的人一起玩。尤其自己不喜欢打牌，打牌需要钱，觉得自己没有资本像别人一样交往。2019 年 11 月初社会工作者邀请其加入健康堂时，服务对象又以自己要帮忙看建新房为由，表示可能参加不了活动。社会工作者三顾其家，关心其健康状况，与他一起讨论喝酒对身体的影响以及制订减少喝酒量的计划，慢慢引导他可以与更多的人一起关注老年生活，其逐渐打开心扉，愿意参与到村居长者互助活动中来。

在与村居长者一起包饺子的过程中，我们观察到服务对象非常熟练地完成了任务，他与邻座的老人也聊起天来，讨论怎么能把饺子包得更好，闲话家常。这是一个好的开始，社会工作者可以在往后的小组活动中，创造更多的互动以及互助机会，令其可以获取支持，对他人也有付出，让其感受到自己于他人的价值以及意义，使其转变观念，创造积极的晚年生活。

在与服务对象探讨其小儿子（19 岁，智力重度残疾）的情况时，社会工作者得到的反馈是其自理能力较弱，洗碗以及上厕所还是需要妻子协助，但他会对着社会工作者笑，也会主动或者在父母提醒下拿椅子给社会工作者坐。由于其无法满足特殊教育学校的招收标准，社会工作者向家庭反馈其小儿子具备简单的认知能力，鼓励他们多给予训练，社会工作者也在下一个跟进阶段计划跟进小儿子认知系统以及感知系统的练习。

2019 年 12 月 2 日，社会工作者与督导一同到服务对象家进行入户探访。服务对象及其妻子以及智力有残疾的小儿子在家。服务对象对社会工作者的探访表现客气，搬来凳子让社会工作者坐下聊天，还询问社会工作者的督导是否是新来的社会工作者。在交谈中，社会工作者观察和了解到服务对象的儿子似乎喜欢社会工作者的来访，每次来都想给社会工作者搬椅子，也想要表达客气之意，这次也不例外。社会工作者把制作好的颜色卡纸以及形状图给他拿着辨认，并不断重复颜色以及形状的读音以刺激他的感官认识。服务对象儿子十分好奇地拿着社会工作者给的形状和颜色图，社会工作者观察到他喜欢圆形，不喜欢三角形，把三角形拿给社会工作者，自己拿着圆形；他比较喜欢红色和橙色，对其他颜色没有反应。而服务对象在旁边一边看一边说，他学不会的，他不懂这些的，他不喜欢玩这些东西，只对手机放歌有兴趣，喜欢拿哥哥的手机玩。社会工作者表示可以多次尝试，也许会产生一些改变。在此期间，服务对象的妻子一直在忙碌，煮饭及做家务，并未如往常一样坐下来与社会工作者进行交流。时值中午，午饭时间到，服务对象妻子提醒社会工作者要吃午饭了，似乎对谈及小儿子的认知及自理能力方面的事情感到不适，社会工作者不宜多加逗留，提醒服务对象注意减少吸烟以及喝酒的次数，便结束本次探访。

2019 年 12 月 28 日，社会工作者再度回访服务对象家庭，社会工作者观察到服务对象以及其妻子心情甚佳，十分热情地邀请社会工作者进屋坐下聊天。再谈及其智力有残疾的儿子的照顾压力，服务对象表示现在由于二儿子回家里一起住，缓解了部分压力，对于小儿子感知系统训练的事情迟些有更充分的考虑时再做。服务对象二儿子身强体壮，是个 25 岁的小伙子，目前在官渡附近做建筑工，每天早上出门做工，晚上六七点就回家，加上可以监督新建房子的施工进度，让服务对象和老伴心宽不少。时光飞逝，年关又至，在外务工以及念书的孩子都将要回家，这也是令二老有所期待的事情。在广州念大学的小女儿不久会放假回家，在佛山工作的大儿子年二十八回家，届时全家将相聚一堂，共享家庭之乐。大儿子在家直到年初八才再度出发去工作。社会工作者遂向服务对象发出观看社会工作者策划举办的东岸村元旦文艺汇演的邀请，服务对象表示很乐意去看表演，考虑到小儿子不能带出来，担心走丢的问题，还是要看看实际情况，如果能够安排好，就一定出来趁趁新年的热闹氛围，感受元旦的节日气氛。服务对象依旧是很爱喝酒和抽烟，他认为那已成为他的爱好和习惯，虽然知道有害，但是意识和习惯产生了冲突，想改变还是需要时间，喝少点可以，全部戒掉基本上很难。社会工作者鼓励他，有一点改变就是好的开始，不需要有太大的压力，忍不住的时候想想为了家人不担心他的健康，逐步改善就好。社会工作者发现，服务对象目前的心态比较乐观，虽然条件不佳，但生活有条理、有计划，比较积极、坚强地去渡过生活的难关，这种生活态度也影响了他的孩子们。

服务对象家庭较为困难，经济紧张，加上其最小的儿子智力残障程度较重，基本缺乏自理能力。2020 年 1 月 14 日社会工作者在省民政厅号召开展的“打赢脱贫攻坚，南粤慈善社会工作者志愿服务齐行动”之“鼠年新春送温暖”活动中选择其家庭作为扶贫对象，与镇街民政部门讨论后为其链接慰问资金。服务对象在广州外语外贸大学就读的女儿放假在家，其协助社会工作者搜集弟弟的身份证、存折信息。

服务对象一家对于社会工作者的到来感到很亲切，与社会工作者闲话家常，谈到子女陆续回来过年异常兴奋，社会工作者赞赏其子女的成长以及优秀表现，服务对象夫妇非常自豪，家庭联结感增强。此外，社会工作者与服务对象家庭一起讨论其儿子的日常生活，了解到他喜欢听音乐，但是偶尔会把家里衣物扔到地下，二哥在家里会对其做出管束。社会工作者引导服务对象家庭多点发现小儿子的兴趣点，引发其关注和行动力。小儿子头顶长了一块疤，较社会工作者上次探访观察症状有所加重，社会工作者与其家庭讨论应该就医，可能是藓导致，在他们按照以往经验涂擦药膏并不能起效的情况下，讨论如何克服小儿子的负面情绪、交通不便的困难以及送诊所处理。

2020 年 1 月 21 日，社会工作者联合坡头区妇联、官渡镇妇联举办“把爱带回家，我们在一起”新春特别行动，活动中联系到村居爱好书法的长者热心帮忙，浓墨挥洒出一副副喜庆的大红春联。社会工作者及村居青少年志愿者将饱含村居长者浓浓的新春祝福和邻里情谊的对联送到服务对象家，令其感受社区关怀，获得归属感。同时服务对象夫妇也关注社会工作者回家过年的事情，表达感激之余送上殷切的问候。

服务对象家庭困境比较特殊，是民政服务的重点对象，其家庭经济困难，家庭成员多，自身身体健康欠佳，年迈且无劳动能力，其妻子及小儿子身体均患有残疾，小女儿正念大学，其余子女外出打工糊口，大部分仅能自顾生活，其生活压力十分大。由于社交网络支持力度薄弱，年纪较大且居住在农村，服务对象不会使用智能手机，其信息更新迟缓，社会工作者需积极跟进其家庭对社会重大卫生公共事件的了解情况，督促其做好防疫工作，避免感染患病。

2020 年 2 月，时逢国内暴发新型冠状病毒感染肺炎疫情，社会工作者积极响应国家疾控政策，实行无接触式电访服务对象家庭，了解跟进服务对象家庭的疫情防控情况。服务对象的妻子接了社会工作者的电话。社会工作者首先是对其表达了新年的祝福。其后关心了解她家里的防疫情况，服务对象妻子告知社会工作者，因为新年的到来，子女都回家过年。经村里宣传通知，全家人都了解到疫情严重，都因为新冠肺炎疫情，待在家中不出门。她告诉社会工作者，没有那么多口罩，尽量不出门。社会工作者对其疫情防控的意识和行动表示赞赏。

此外，社会工作者还为服务对象的妻子普及了疫情防控的居家防疫等相关知识，并叮嘱她一定要提醒身边人做好预防工作。例如，没有口罩，尽量少出门，若要买菜，请家中青壮年代劳，佩戴口罩，速去速回；家里的卫生一定要做好，开门窗通风，营造良好的居家卫生环境，减少因居家卫生不良而引起的感染；勤洗手，尽量不用手摸眼、鼻、嘴等易受病毒感染部位。提醒她应特别关注其智力残疾的小儿子的卫生状况以及外出状况，在疫情期间做好防护等。

服务对象妻子虽然患有视力残疾，但听力甚佳，特别聪颖，她表示会提醒家中其他人注意，并感谢社会工作者的来电关心。

2020 年 3 月 4 日，社会工作者对其进行入户走访，佩戴口罩，并保持距离询问服务对象家庭近况。他的大女儿、小外孙以及小女儿都在家。大儿子于年初五外出复工，二儿子也在两三天前到霞山复工。服务对象对社会工作者的造访感到十分开心，非常好客地邀请社会工作者进屋去坐，但鉴于目前疫情状况，社会工作者决定探访还是在户外进行。服务对象家的新房子盖得很快，现在看起来非常不错。服务对象表示目前很希望两个儿子赶紧娶媳妇结婚，常常催两个儿子结婚。新建的房子就是给两个儿子娶媳妇用的，自己和妻子住旧平房就行了。服务对象家的生活情况，应该会随着儿女的长大独立而慢慢好起来。

五、总结评估

（一）资源链接方面

社会工作者经过与镇政府积极沟通，厘清服务对象家庭没有及时收到政府补助的原因，向服务对象解释清楚了低保的条件以及撤销低保户的原因是家庭增加了劳动力，人均收入超出低保范围。但其患有智力残疾的儿子由于需要长期照顾，政府考虑到此情况，建议其儿子换新的低保证后申请残疾人生活补助。在此过程中，社会工作者充当了资源链接者以及协调者的角色。在后续工作的跟进中，服务对象反映如期顺利获得补助，缓解了部分家庭经济压力。社会工作者链接省民政厅慈善资源慰问金，以及赠送村居长者亲手书写的对联，给予服务对象新春祝愿以及物质帮扶。

（二）健康管理方面

服务对象存在嗜酒的情况，社会工作者动员家庭成员一起关注其健康，持续关注其血压以及精神状态，表达期许，令服务对象开始了解血压概念，关注自身健康状况。服务对象的饮食习惯改变是一个长期的过程，社会工作者付出耐心去协调处理，给予其鼓励和支持，注入希望，培养其信心。服务对象多年形成的喝酒习惯不能短期改变，只能减量。

（三）照顾压力缓解方面

服务对象的小儿子患有先天性智力残疾，不能正常交流。社会工作者咨询了市特殊教育学校，得知其由于缺乏自理能力，不符合入校条件。服务对象家庭对于交流、支持和沟通的需求比较强烈，社会工作者可以以第三方的角色走进服务对象家庭给予其支持和鼓励，与服务对象家庭共同讨论解决问题。社会工作者细心关注服务对象有智力残障的小儿子的健康状况，发现其头顶可能长藓，及时对服务对象提出送其小儿子去医院皮肤科就医治疗的建议。在智力开发方面，社会工作者引导服务对象及其家人发现小儿子的兴趣点是听音乐，拓宽其日常生活空间。社会工作者从优势视角出发，发掘家庭的优势资源，协助服务对象一起处理难题。

（四）心理支持方面

社会工作者在走访跟进过程中，发现服务对象家庭有诉说欲望以及被倾听的需求，社会工作者采取用心聆听服务对象及其家庭成员诉说日常以及家庭往事的工作方法，对其进行了心理疏导以及倾听疗愈活动。社会工作者与服务对象家庭一起分析优势以及潜能，服务对象逐渐认识到家庭子女的帮扶力量，感恩孩子的孝顺，对未来充满信心。

（五）挖掘家庭功能方面

服务对象子女孝顺懂事，除了其小儿子智力有残障，小女儿在读大学以外，其他子女目前都能自食其力，偶尔还能回馈父母。时值春节，子女纷纷归家过年，家庭热闹温馨，给予服务对象很大的情感支持。服务对象家庭的内生力量比较强大，子女逐渐成长为可以给予家庭支持的力量。社会工作者关注服务对象的优势，与其一起回顾勤奋积极的人生经历，说到养育孩子的苦难经历，社会工作者给予认同；提到艰苦谋生活的部分，社会工作者及时给予赞赏。社会工作者与其一起梳理了一些成功积极的人生经历，例如抗台风灾害、孩子高热及智力残疾如何应对等，巩固其对积极生活的信心。

（六）社交网络方面

社会工作者在跟进过程中，了解到服务对象更多在家中活动，除了干农活很少出门，除了与弟弟有较多接触交流，与其他村民基本不交流，社区联结感弱，社会工作者鼓励其走出家门，进入社区，建立自己的社区支持网络。他们希望社会工作者可以多去和他们聊天，有倾诉和社交的需求，但因有照顾家庭压力以及性格内向被动、自卑等原因没有社区接触。社会工作者在接下来的长者健康堂系列活动中，积极邀请其参与。社会工作者走访发现在多次邀请服务对象参与社区长者健康堂活动的过程中，其经常从言语中表现出自己对外出参与活动不感兴趣。社会工作者并没有放弃，坚持不懈于每次活动前积极对其进行邀约，他终于在 2019 年 11 月 12 日被社会工作者的坚持打动，参加了长者健康堂活动。在健康堂活动过程中，他与其他活动参与者也进行了交流，迈出了历史性的一步。社会工作者不怕被拒绝，克服困难，坚持鼓励服务对象克服自卑心理以及懒于社交的缺点，最终还是打动了他，促使其做出了一定的改变。在参与社区活动中，其他长者给予服务对象肯定和赞赏，聊起其以往打渔的经验，夸赞其勤奋。在小组内服务对象获得了社区群体对其的认同。

六、专业反思

（1）要充分发挥社会工作者在社区中的支持者、教育者、治疗者以及资源链接者等角色的重要作用。在此案例中，社会工作者立足于服务对象不同困境，以多种角色来为其提供贴合实际的服务。

（2）社会工作者不是物质的直接给予者，而是内发力的激发者，其始终坚持“助人自助”的价值理念以及工作技巧，为服务对象增能，促进自身能动性的发展。面对年纪大且空巢的服务对象，社会工作者采取倾听疗愈的方法，而不是直接给予物质上的支持，来帮助舒缓生活压力、疏导不良情绪、驱散其闲时的寂寥，对其生活困难提供可行的建议和方法，也是社会工作者能够提供的一种很好的服务方法，能慢慢从情感上、思想上、观念上去引导一个人往好的方向走，令服务对象从心理带动行为，由内而外地往积极的方向发展。

（3）社会工作者在案例服务跟进的过程中，应保持灵敏捕捉服务对象的多元需求以及观察其细微思想动态变化的洞察力，以及时调整服务方法及方向，更好地服务于服务对象。

（4）社会工作者精准链接政府资源，为服务对象提供个案救助服务。当服务对象向社会工作者请求资源帮助的时候，社会工作者能够迅速、精准地为其链接资源，及时解决困难。

点评

农村困境家庭与困难群众的救助工作是保障农村困难人群基本生活的民生工程，也是农村贫困治理的应有之义。此案例展现的是以农村困境家庭为主要服务对象的社会服务活动。社会工作者运用个案工作方法，从困境家庭的个案处理出发，围绕服务对象的生活问题与个性化需求，构建起农村困境家庭的家庭支持网络与社区支持网络。在服务计划实施过程中，社会工作者深入服务对象家庭内部，注重服务对象家庭资源的整合，从服务对象经济困境纾解、自我健康管理及家庭社会功能恢复等方面入手，展开农村经济困境家庭服务计划。

此案例的服务程序与结构安排条理明晰，是一个相对成功的以农村困难家庭为服务对象的个案工作案例。社会工作者以社会支持理论和人生回顾疗法为指导，设计了以任务中心模式为核心方法的农村困境家庭介入服务策略。在整个服务计划实施过程中，社会工作者对于个案工作介入过程的生动而详尽的呈现，是此案例的一大亮点。在案例中，既有对社会工作者专业价值理念和服务技巧的理性分析，又有关注农村困境家庭、体恤困难群众的关怀感悟，取得了良好的介入服务效果。

案例二：五社联动助力困境儿童重获家的温暖

湛江市雷城社会工作者站　邓小娟

近日，社会工作者再次入户走访小超（化名）的家，小超的奶奶欣慰地对社会工作者说，她前段时间去参加小超的家长会，班主任特地表扬小超学习进步很大。听闻此言，社会工作者也十分欣喜，对着小超连连竖起大拇指。小超是社会工作者跟进了将近两年的个案服务对象，从初遇时畏缩的模样，到现在成为朝气蓬勃的喜欢蹦蹦跳跳围在社会工作者身边的孩子，从家暴的阴影走出，从疫情停课复学陪伴，从链接资源改善生活，社会工作者一步步陪伴小超度过重要阶段，一起携手踏过荆棘，积极向上，追寻人生美好的风景。

一、背景介绍

服务对象小超，男，今年 11 岁，现于雷城某小学四年级就读。家有妹妹 9 岁，就读雷城某小学二年级，弟弟 7 岁，读小学一年级。服务对象父亲患癫痫多年，鉴定为精神残疾二级，已无抚养孩子的能力。服务对象母亲于 5 年前不堪压力，诉求离婚未果继而离家外出打工至今不归，但是偶尔跟服务对象有联系。现 3 个孩子依靠年老的奶奶摆摊所得和政府低保救助金维持生活。

小超性格内向，内心自卑，寡言少语，在人群中经常沉默寡言待在角落。社会工作者第一次遇见服务对象，是服务对象脸上骇人的青紫伤痕引起了社会工作者的注意，经过了解小超在家被父亲家暴，后经社会工作者家访及在与服务对象建立关系并经评估后确定介入该案。

二、分析预估

（一）问题分析

1. 长期面临家庭暴力，人身安全受到威胁

社会工作者通过家访深入了解到，服务对象的父亲经常癫痫发作摔倒在家，多次发生过其受到精神刺激产生家暴虐打孩子的现象。据服务对象的奶奶叙述，其弟弟在一岁多的时候，因为服务对象的父亲发病导致滚烫开水洒到其下半身，送往湛江附属医院抢救几个月，双腿留下很严重的疤痕。服务对象的妹妹曾因不听话而遭受过父亲家暴，打掉 4 颗牙，现牙齿已生长。根据服务对象描述，其最近一次被打，是因为不听从父亲的要求闭眼睡觉，被父亲用衣架打向脸部，被脚踩脖子，全身有衣架打击后留下的青紫伤痕。经了解，有精神病二级认证的父亲由于情绪反复无常，服务对象以及其弟妹经常遭受父亲不同程度的家暴。

2. 缺乏居家照顾，健康成长受到影响

服务对象的父亲因精神疾病过早丧失抚养能力，母亲不堪压力离家出走留下 3 个孩子相依为命，服务对象唯有依靠年老奶奶早出晚归摆摊赚取生活费来抚养服务对象三兄妹。因服务对象的奶奶每天做好饭给服务对象三兄妹后就出去摆摊了，留下 3 个小孩在家，无人照顾和管教。由于缺乏居家照顾，服务对象三兄妹头发枯黄，身体矮且瘦弱，3 个孩子日常着装邋遢，浑身有异味，明显呈现营养不良。此外，服务对象每天与有精神障碍的父亲共处，加上承受多次家庭暴力，服务对象长期生活在压抑的环境中，形成孤僻、怯弱的性格。有研究指出，人长期生活在紧张不安的情绪中，易致身心发展不良。经多次恒常家访，社会工作者观察到服务对象的身心成长已经受到严重影响，需要及时介入调整。

3. 家庭卫生环境差，养成不良的卫生习惯

因为服务对象的奶奶每天摆摊赚取生计，无暇打理家庭事务。服务对象年龄尚小，不会做家务照顾自己，因此家中杂物堆积。加上奶奶捡回的废品，家中堆满废纸皮杂碎物品，整个家中乱糟糟，散发出一股陈旧的酸臭味，加之服务对象不注意个人卫生，身上有浓浓的异味，其卫生观念较

差。社会工作者在与他接触过程中，发现服务对象经常是自己一个人坐在角落边。服务对象曾经向社会工作者倾述过，同学们经常会当面取笑嘲讽他很臭，都不愿意和他玩，受到同学们的排挤。

4. 学习自制力较差，影响个人自律能力

社会工作者在辅导服务对象的课业中发现，由于服务对象自小没有家长辅导学习，加之个人学习意识淡薄，导致学习基础薄弱，成绩非常差，经常是班级倒数第一、第二名。虽然服务对象现读三年级了，但其学习认知能力经评估，甚至比不上普通一年级学生。因此服务对象急需制订学习计划来加强学习，提高成绩。

5. 家庭经济压力大，收支入不敷出

2018 年下半年，社区干部为服务对象的父亲申请低保，服务对象家中每月有低保和残疾两项补贴共 1320 元收入。家中唯一的劳动力是服务对象的奶奶，每天早出晚归摆摊卖水果每月收入约 400 元。服务对象家中每月支出包括：父亲每月固定 200 多元的基础治癫痫病医药费，服务对象三兄妹生活费和学习资料花费，服务对象的父亲和奶奶生活支出，共 2000 多元。因此服务对象家每月收支入不敷出，经济压力大，需要经济援助减轻家庭负担。

（二）需求分析

1. 确保服务对象及其兄妹的人身安全

社会工作者多次向服务对象的奶奶建议，服务对象的父亲发病频繁，不仅为了几个孙子的人身安全，而且为了治疗其疾病需要，理应将服务对象的父亲送到医院检查治疗，看是否要调整治疗方案。服务对象奶奶心中有顾虑，最终松口愿意跟亲戚商量后再决定是否送医院治疗。社会工作者认为服务对象是个身体瘦弱的未成年人，对受刺激发病发狂的父亲根本没有能力对抗和躲避暴力伤害。因此只要服务对象与生病的父亲同住，家庭暴力就有可能再次出现，那生命安全隐患就时刻存在。同时，在多次恒常探访服务中，社会工作者都会教导服务对象相关防止家庭暴力的知识和技巧，并多次提醒服务对象的奶奶要加强警惕，防止家庭暴力再出现。

2. 缓解经济压力，改善家庭生活条件

服务对象家境每月入不敷出，亲戚好友支持网络单薄。社会工作者链接当地慈善爱心团体资源，多次前往服务对象家中慰问，送钱送物送菜，缓解服务对象家中的经济压力。同时，社会工作者与社区干部保持良好的沟通，在社区干部的争取下，根据服务对象的具体情况，给予服务对象申请慈善会资助名额，社会工作者多次帮助服务对象了解申请事项，帮助其填写表格申请资助。据了解，服务对象现在已经申请到学校每学期 250 元生活补贴费和广东省恤孤会承诺每个学期资助 750 元直至服务对象读完高二。

3. 纠正不良的生活习惯，增强个人自信心，重塑个人形象

服务对象自小的成长过程由于缺乏成人的照顾和教导，导致其个人生活习惯不良，穿着邋遢，身有异味，这已经影响到服务对象的人际交往，出现其遭到身边的朋友同学排挤的现象。服务对象个人也因排挤现象加剧了内向自卑的程度。在多次探访中，社会工作者经常以善意的建议委婉教导服务对象注重个人卫生清洁。社会工作者链接资源赠送服务对象沐浴露、洗发露、洗衣液等清洁用品，志愿者经常探访服务对象，教服务对象如何使用清洁用品，清除身上异味，培养爱护卫生好习惯，通过纠正不良的卫生习惯，增强个人自信，塑造个人新形象，打破他人对其歧视排挤的困境。

4. 服务对象需课业辅导，培养良好的学习习惯

据服务对象的奶奶反映，服务对象因自小无人辅导和督促学习，已形成不良的学习习惯，导致其课业成绩极差。社会工作者通过对服务对象的老师、家长、同学多方面的了解后，全面跟进服务对象的学习情况，因材施教制订专用学习计划，督促服务对象赶上学习进度，提高学习成绩，培养良好的学习习惯。

5. 家庭关爱及心理支持的需要

服务对象经历过父亲家庭暴力打击和母亲离家出走的事实，自小缺乏家庭的温暖关爱，平日里沉默寡言、自卑怯懦，同时性格执拗，不愿意向别人倾诉内心的感受。社会工作者根据服务对象的精神状态和其对社会工作者的信任度提高，逐步安排心理辅导课程，帮助服务对象认识到自身的真实处境，帮助服务对象建立自信和培养自我控制能力，尊重自己，充满自信，并且相信自己有能力改变现状。同时通过社会工作者的介入，联动

多方资源社区爱心志愿者关爱关心服务对象，有目的地带动服务对象参加具有教育性、发展性的团体活动，增强服务对象的心理承受能力，为其争取到更多社会资源的支持，为其创造了健康成长的社会空间和心理空间，潜移默化地打开了服务对象孤僻的心结，打开了服务对象封闭的心理世界，增强了其人际互动能力，帮助其摆脱了原生家庭的阴影。

三、案例服务计划

（一）服务理论模式

1. 危机介入模式

社会工作者及时处理服务对象当前面临的家庭暴力的困境，安抚服务对象的情绪，给服务对象注入希望，为服务对象提供心理支持，找回服务对象的自尊，培养其自主学习能力，使其逐渐走出家暴的阴影。

2. 人本治疗模式

以人为本，强调个案辅导关系，对服务对象持有同理心，接纳服务对象，关注服务对象的成长、倾听服务对象的心声，为服务对象提供情感支持，以关爱善意的举动来鼓励服务对象走出困境，保持健康成长。社会工作者的辅导充满真诚、同感和积极关怀，让服务对象提高自主能力，有能力运用自己的理性控制自己的命运，改变原生家庭带来的恶劣循环生活模式。

3. 社会支持理论模式

社会支持是指环境为弱势群体提供资源和帮助，使弱势群体摆脱困境，实现良好的社会适应。社会支持包括正式支持和非正式支持。正式支持指政府、正式组织的制度性支持，非正式支持指家庭、亲友、邻里和非正式组织提供的支持。一个人拥有的社会支持网络越强大，越能应对生活中的困境和和挑战。在社会支持网络理论的指导下，社会工作者一方面帮助服务对象运用网络的资源解决相关问题；另一方面整合资源补充和拓展支持网络，帮助服务对象更好地面对生活的挑战，提高生活质量。

在本案例中，服务对象享有低保救助、医疗救助、水电减免等各项政策扶持，服务对象父亲及三兄妹每月有2000多元的低保救济补贴，保障了基本的生活。服务对象的父亲身患癫痫，需长年服药和住院，服务对象三兄妹年幼无助，需人照顾。因此服务对象一家需要强大的社会支持网络以帮助其克服生活中的困难。现实中，服务对象的非正式支持主要来自年迈的奶奶，奶奶承担了极重的家庭压力，负责照顾病人、抚养孙儿，且服务对象的亲属生活条件一般，导致服务对象从亲属那里获得支持较少，服务对象的非正式网络支持力度薄弱。因此，社会工作者运用社会支持网络介入服务对象个案，首先与服务对象建立关系，了解服务对象的需求，运用现有支持网络满足服务对象的需求；其次，通过链接资源，采取补充和拓展支持网络的方式，更好满足服务对象的需求，解决服务对象的困境，提高服务对象的生活质量。

（二）服务目标

（1）提升服务对象的生活技能，培养良好的生活习惯，为服务对象提供学习辅导和身心健康支持。

（2）协助申请民政政策救助福利，协助服务对象的父亲申请特殊门诊，保证及时就医需求，同时在政策兜底下减轻服务对象的家庭负担。

（3）推动服务对象与其母亲联系，增强亲子沟通，不让母爱缺失过多，积极鼓励母亲归家承担家庭责任。

（4）链接慈善资源，为服务对象一家提供帮助。拓展和完善服务对象的支持网络，实现社会工作者、社区、社会组织、志愿者多方联动，帮助服务对象应对困境，实现良好社会适应。

（三）服务策略

1. 进行危机介入策略

社会工作者迅速了解服务对象当前面临的主要问题，帮助服务对象脱离家暴困境，积极帮助服务对象走出家暴危机，教导服务对象正确的求助方法，灌输服务对象主动求救的观念，增加求助对象名单，扩大求助渠道，使其能及时报警求助或者向社会工作者机构反映求助，防止再出现儿童家暴事件。策略目的是教导服务对象保护自身，恢复服务对象正常的生活功能，提高自主学习能力，恢复自信，重新开始健康的童年生活。

2. 专注倾听服务对象的心声，进行积极的情绪疏导

为了有效帮助服务对象，社会工作者与服务对象建立良好的专业关

系，在多次探访中，社会工作者尊重服务对象和接纳服务对象感受，疏导其负面情绪，帮助其解决困难，有意识地运用劝导、利用关系、利用环境等各种能够影响服务对象改变的力量。同时，社会工作者运用同理心、自我披露以及经验分享等方法，与服务对象保持平等沟通，给予服务对象充分的负面情绪宣泄帮助，并适当地安抚和鼓励服务对象，促使服务对象情绪得到缓解和稳定，使其恢复正常的学习与生活。

3. “五社”联动，链接社会各方面的福利民生保障资源及救助资源

社会工作者协助服务对象构建社会支持网络，扩大服务对象的支持网络，积极链接社会慈善团体资源给予服务对象经济援助和心理关爱。日常生活中，社会工作者长期入户走访服务对象家，了解最新情况，以便掌握服务对象的生活需求，及时解决其困难。并且，社会工作者会组织当地爱心公益协会志愿者去慰问服务对象，为服务对象送米送油、送慰问金，解决其家境困窘，让服务对象一家感受到政府和社会对其的关爱。

四、服务计划实施程序

（1）2019 年 12 月 28 日，入户走访，建立关系，深入了解服务对象以及其家庭情况，建立个案跟进服务。

（2）2020 年 1 月 17 日，链接本地慈善资源，在社区干部带领下慰问服务对象。

（3）2020 年 1 月 20 日，社会工作者与社区干部联动跟进了解服务对象的情况，确定服务对象主要跟进方向。

（4）2020 年 2 月 25 日，社会工作者家访跟进服务对象的学习情况。

（5）2020 年 3 月 2 日，社会工作者与社区干部链接慈善资源联动慰问服务对象。

（6）2020 年 3 月 12 日至 5 月 15 日，为了支持服务对象线上学习，社会工作者长期辅导服务对象的功课，同时在这期间每周提供一次心理辅导，陪同其观看和讲解防止儿童家庭暴力视频，加强服务对象预防家暴和保护自我的意识。

（7）2020 年 3 月 20 日，社会工作者跟服务对象的奶奶讨论改变服务对象不良行为的方法。

（8）2020年4月3日，社会工作者与社区干部链接慈善资源联动慰问服务对象。

（9）2020年4月15日，社会工作者跟进了解服务对象最新的生活情况，得到服务对象通过纠正服务，个人行为逐渐变好的反馈。

（10）2020年5月8日，社会工作者赠送防疫复学爱心包，为服务对象复学做好准备。

（11）2020年5月30日，社会工作者与社区干部链接慈善资源慰问并提前为服务对象送上六一儿童节礼物。

（12）2020年6月30日，社会工作者邀请服务对象参加端午节手工包粽子活动，收获活动乐趣。

（13）2020年7月27日，社会工作者定期入户探访服务对象，社会工作者建议服务对象的奶奶要多加注意服务对象的心理变化。

（14）2020年9月30日，社会工作者与社区干部链接慈善资源送中秋慰问品。

（15）2020年10月15日，社会工作者入户走访了解到服务对象父亲因癫痫发作摔倒受伤住院一个多星期，服务对象曾暂时被其伯母照料，现已恢复由奶奶正常照顾。

（16）2020年11月20日，社会工作者日常走访服务对象家，向服务对象了解生活近况。服务对象的奶奶谈到服务对象的成绩依旧很差，但是在服务对象伯母的帮助下，现在服务对象每晚都去上晚辅导班，希望能提高成绩，有所改变。

（17）2020年12月29日，社会工作者链接资源为服务对象的一家送防寒保暖的衣物。

（18）2021年1月21日，社会工作者与城西社区干部了解服务对象的低保相关情况，同时汇报跟进服务对象工作最新进度。

（19）2021年2月1日，社会工作者链接资源为服务对象送春节慰问品——油、米、面、纸巾和慰问金300元。

（20）2021年2月3日，社会工作者带领志愿者为服务对象送去口罩等防疫物资。

（21）2021年3月6日，社会工作者邀请服务对象及其妹妹参加儿童安全自护宣讲会，提高儿童自我保护意识。

（22）2021年4月12日，社会工作者日常走访服务对象家，其奶奶反馈服务对象成绩逐渐变好，得到班主任的表扬。

（23）2021年5月14日，社会工作者日常走访服务对象家，向服务对象了解最近生活近况，将其放入“圆梦爱心包”排查名单。

（24）2021年6月1日，社会工作者带领仁爱爱心公益协会志愿者入户为服务对象送六一儿童礼物——“圆梦爱心包”。

（25）2021年7—8月，社会工作者开展暑假补课志愿活动，帮助服务对象补习功课。

（26）2021年9月29日，社会工作者恒常入户，发现服务对象在申请学校助学金方面存在困难，社会工作者及时帮助搜集资料，为三姐弟申请上学助学金。

（27）2021年10月6日，社会工作者带领《湛江日报》记者拍摄服务对象家的故事，弘扬正能量。

（28）2021年11月10日，社会工作者带领不忘初心公益爱心协会探望服务对象，为其送上慰问品和慰问金300元。

（29）2021年12月28日，社会工作者与城西社区干部为服务对象送棉被御寒。

（30）2022年1月26日，社会工作者日常入户了解到服务对象的母亲有意愿回归家庭照顾孩子和服务对象的父亲，便积极鼓励其回来。

（31）2022年2月28日，社会工作者了解到服务对象的母亲已回到服务对象的家中，照顾孩子及丈夫，且找到一份洗碗工的工作。服务对象的奶奶也开始摆摊卖水果，补贴家用。服务对象一家的生活已回归正轨，逐渐恢复往日的欢声笑语了。

五、总结评估

（一）服务对象方面

社会工作者主动发现服务对象的异样，从而开展建立个案服务工作。在服务的开始阶段，服务对象的情绪很低落，加上服务对象的奶奶对社会工作者不了解，关系建立比较艰难。后来通过社会工作者的坚持跟进，在长期辅导服务对象过程中，服务对象逐渐打开自己的心门，和社会工作者分享自己的想法。同时服务对象的奶奶对社会工作者的建议逐渐重视，且会主动联系社会工作者寻求帮助。在跟进的过程中，服务对象性格明显变得开朗，成绩有所提高，个人不良行为得到纠正。服务对象的奶奶多次感谢社会工作者坚持不懈的努力，服务对象现在对学习和生活有了新的目标，并表示会积极努力朝着自己的目标前进。

（二）社会工作者方面

在个案的工作过程中，社会工作者以服务对象的需求为出发点，运用积极聆听、同感、尊重和接纳的方法和技巧，和服务对象共同面对生活和学习中遇到的问题。同时，跟服务对象的照顾者保持紧密联系，了解服务对象的动态，并一起制定与服务对象相关的目标，改善服务对象的居住环境。同时，社会工作者注重多方联动，发挥社会工作者专业优势，多方面建立服务对象的支持网络，共同为服务对象开展服务，让服务对象解开枷锁，焕发希望，拥抱新的人生。

六、专业反思

本次个案服务是以“社会工作者+社区+社区资源+社会组织+志愿者”的模式进行五方联动跟进，每个角色发挥着各自的功能。社会工作者在服务中通过多种方式搜集分析服务对象学习和生活的情况并评估其需求，不定期对服务对象进行情感关怀，与服务对象建立良好的关系。同时链接社会资源为服务对象改善生活情况，联动慈善团队志愿者不定期上门为服务对象提供服务，并送上节日慰问，全方位、多角度地介入，给予服务对象帮助。社会工作者在服务中充当着沟通者、联动者、资源链接者的角色。由此，社会工作者必须与服务对象紧密联系，及时跟踪掌握服务对象的身体情况、心理变化及需求，及时跟其他联动者沟通联系反馈情况。

在与服务对象相处的过程中，社会工作者的同理心、耐心聆听、及时回应也很重要。服务过程中社会工作者要多多给予服务对象支持和鼓励，提高服务对象的信心，使其相信社会工作者将会和其一路同行。

点评

案例从平凡中体现伟大，类似个案在现实中很常见，但该个案通过社工专业的介入与救助，取得良好的社会效果和个案效果，一方面体现了社工介入类似社会问题解决的重要性；另一方面也体现了社工专业的重要性。在案例充分展现了社工者“链接资源”的能力和重要性。整体来看，方法得当，过程有序，效果良好。

案例三：走出心灵的雨季

——妇女家庭暴力社工救助案例

湛江市悦好社会工作服务中心　罗施婷、黎春琼

一、背景介绍

（一）基本情况

小丽（化名），湖南人，与丈夫小伦（化名）自由恋爱结婚已 16 年，自从结婚后迁移户口到廉江本地，婚后生育 3 个孩子，其一直和丈夫居住在营仔镇，丈夫为渔民，以出海捕鱼营生。服务对象自从嫁到营仔镇，很少回娘家，娘家人都在湖南，日常通过电话联系。2006 年未婚生育第一个女儿（现读初三），2007 年与男方登记结婚后，生育第二个女儿（现读初一），小儿子今年 6 岁（现读学前班）。女儿比较害怕与丈夫相处，丈夫对儿子较好。

（二）受暴情况

小伦脾气暴躁，经常因情绪低落、孩子吵闹等原因对小丽进行家暴，小丽多次采取忍耐态度，即便如此，小伦的打骂行为从未停止。最严重的一次家暴是在 2021 年 8 月 21 日，小伦刷抖音看到小丽与异性吃饭的场景，怀疑小丽出轨。因此与小丽吵架且用锄头打断了小丽右手臂，小丽考虑到若丈夫被抓家里没人照料，且其主动悔过，因此心软选择写下谅解书，并撤销当日报警笔录，再次回归家庭生活。

2021 年 9 月 9 日，小丽手臂的伤未好，但小伦再次动手对小丽进行家暴，并言语威胁她。小丽无奈在小伦外出工作时，恐慌地逃离，并在路上遇到小伦的朋友，其朋友将小丽离家一事告知小伦，小伦致电质问小丽并要求回家，小丽不同意，小伦将小丽电话卡挂失，让其不能使用。慌张的小丽无奈向营仔镇妇联求助，最后辗转到广东省妇女维权与信息服务站

（廉江站）求助。

二、分析预估

（一）问题分析

（1）情绪紧张问题，服务对象因较为担心丈夫再次施暴，以及没有证件、没地方居住等产生害怕心情，急需疏导。

（2）家庭暴力引发服务对象的安全居住问题，需协助服务对象排除被家暴危险：根据《家庭暴力危险性与测量表》评估服务对象受危险性达到4分，处于中度危险情况，故需将此案件向上级汇报，并与廉江市民政局、当地镇街联系介入，避免伤害再次发生。服务对象丈夫对服务对象小丽进行家暴后，在小丽身体有明显的伤疤及未治愈好外伤的情况下，又继续被家暴，导致小丽逃离家庭。因案主在本地没有亲朋好友，身上没有证件及手机、现金等，需要紧急转移到临时救助站，进行安全安置。

（3）婚姻抉择的问题。面对长期受暴的婚姻关系，小丽曾有想与丈夫离婚的想法，但是出于现实考虑，主要是孩子方面，小丽一直在犹豫。

（二）需求分析

（1）情绪疏导需求。小丽因担心再次被家暴、无地方居住产生害怕情绪，故需要协助其进行情绪宣泄、协助其转移到安全住所，缓解其焦虑情绪。

（2）紧急安全安置及拿回个人证件的需求。小丽因无身份证件、无现金、无亲朋好友可借宿，所以需要协助其转移到安全居住地，故有链接资源进行紧急安全安置的需求，需协助其取回个人证件。

（3）婚姻抉择的需求。面对长期受暴婚姻关系，小丽因这次家暴，产生了离婚的想法，期望能和丈夫协议离婚，并要求获得一名女儿的抚养权，并将自己的户口转回湖南。

三、服务计划

（一）服务理论模式

在该个案中，服务对象属于外嫁到廉江本地，在本地没有固定朋友，没有稳定工作，没有安全住所。家庭关系存在一定的问题，因家暴所引起的安全、家庭等问题，导致个案情况较为复杂、跟进难度较大，需要在社区、政府等各部门协调和支持下完成。根据上述情况，社会工作者认为该个案可以采用个案管理模式介入。

个案管理模式是一种整合性服务的工作模式，适用于问题复杂、多重问题或障碍的个人或家庭服务。个案管理服务模式着重发展或强化网络资源，注重把复杂的社会服务网络中有益于服务对象的资源联系起来，及时为服务对象提供服务，除了增进服务对象的知识、技巧和转变态度外，更强调服务对象取得资源及运用资源网络的能力。

（二）服务目标

社会工作者与服务对象共同订立了以下目标：

（1）协助其制订相应的人身安全计划。

（2）协助其了解反对家庭暴力的法律知识，提升服务对象的维权能力。

（三）服务策略

社会工作者与服务对象建立了互相信任的专业关系，在面谈中，共同设定了如下服务策略：

（1）保障人身安全，疏导情绪，协助小丽拿回身份证件，将其转移到安全住所，协助其制订人身安全计划。

社会工作者、营仔镇妇联通过跟小丽多次交谈，了解到其被家暴多年，小丽害怕再次被家暴，害怕家暴事件立案对孩子们未来产生影响。社会工作者运用倾听、同理、共情、对质、聚焦等技巧协助其舒缓情绪，促使其更加理性平和地分析现状，向其普及反家暴的知识，协助其树立正确的反家暴态度。同时也会根据案主所处的阶段，特别关注小丽的人身安全，协助其拿回身份证原件，协助其转移到安全住所，链接各级资源，协助其搜集家暴证据，告知其家庭暴力告诫书的作用和人身安全保护令的申请方式。

（2）协助小丽分析并做好婚姻决策，增强其反家暴意识，鼓励其依法维权。

社会工作者协助小丽分析现在的婚姻状况，并告诉其离婚的途径与程序，协助其分析离婚将要面临的各种问题，并做好婚姻决策；在交谈过程中，社会工作者会向小丽宣传相关知识及培养其反家暴意识，提高其应对家暴的处理能力。

四、服务计划实施过程

广东省妇女维权与信息服务站（廉江站）社会工作者在接到小丽的信访后高度重视，马上汇报廉江市妇联，交办专人跟进此案。

1. 第一阶段：建立关系，紧急介入

社会工作者接待了小丽的来访，因其有害怕情绪，社会工作者及时给小丽做情绪疏导；紧接着对小丽进行了家庭暴力危险测量表评估，结果显示其家庭暴力危险评估处于 4 分，即中度危险；对小丽普及反家暴知识，协助其制订人身安全计划，因为此次小丽离开家里，没有手机、身份证、现金等，社会工作者鼓励小丽谨记“身份证、手机、钥匙、钱”等逃离必带的安全包；鼓励其搜集受暴证据，增进其了解《中华人民共和国反家庭暴力法》，促进其对反家暴政策及相关求助措施的认识，社会工作者告知、讲解申请家庭暴力告诫书及人身安全保护令的条件及流程。

2. 第二阶段：以化解家庭暴力危机为主线，链接资源，多方联动，形成支持网络

（1）保障妇女儿童人身安全，安排安全住所。考虑到小丽在廉江没有其他亲友及担心她的人身安全，廉江市妇联副主席吴春丽联系廉江市民政局，将其安置到市救助站暂住，由广东省妇女维权与信息服务站（廉江站）社会工作者负责陪同，为其依法办理好入住手续，并嘱咐村委干部安顿好家中孩子。小伦在小丽居住救助站期间求见小丽并写下保证书，期望其回归家庭，承诺不再对其实施家暴，和气过生活，但依然恐惧的小丽拒绝见面。救助站工作人员与廉江市妇联、广东省妇女维权与信息服务站（廉江站）社会工作者、服务对象确认，为确保小丽人身安全，请小伦先行回家等候回复。

（2）发挥妇联“联”动机制，了解及核实案情，协助搜集家庭暴力证据。社会工作者联系营仔镇边防派出所为小丽案件出具家庭暴力告诫书，小丽提出诉求：一是让小伦给回她所有证件；二是离婚并愿意抚养一个女

儿；三是帮她迁户口回湖南。小伦表示找不到小丽的证件，小丽只能在派出所办理临时身份证，小伦不愿意离婚及不希望小丽离开。

（3）开展个案管理会议，促进多方联动化解家暴危机。坚持以保障妇女儿童人身安全为先。廉江市妇联副主席吴春丽、广东省妇女维权与信息服务站（廉江站）社会工作者、廉江市救助站副站长、营仔镇妇联一起联合营仔镇司法所、镇综治办、镇派出所、村委干部等各部门召开小丽个案管理会议，要求各部门发表意见，分工合作再次核实案情及夫妻双方想法，向小伦普及反家暴法及教育其反思家暴带给家人的伤害，小丽考虑到孩子的成长方面，决定先重返家庭。

3. 第三阶段：尊重妇女意愿，鼓励依法维权

遵从妇女意愿，帮助其掌握法律知识，鼓励其依法维权。广东省妇女维权与信息服务站（廉江站）社会工作者联合廉江市妇联、镇、村妇联动态关注该家庭。小丽返回家庭一段时间后，与丈夫相处一般，心里始终对丈夫曾经的家暴行为有阴影，经过认真考虑后，还是期望远离家暴阴影，想与丈夫离婚，并将想法告知当地妇联及社会工作者，社会工作者及当地妇联尊重其决定，2021 年 11 月小丽勇敢地向法院提起离婚诉讼，并离开廉江，回到湖南生活。

五、总结评估

（一）服务对象的反家暴意识增强，强化了维权意识

社会工作者开始接触服务对象的时候，其情绪容易焦虑，一方面害怕被丈夫家暴；另一方面担心丈夫对孩子不利。经过社会工作者的多次辅导，服务对象慢慢敞开心扉，缓解了害怕和焦虑的情绪，并学会运用正确的方式来维护自己的权益，也能更加理性地分析问题。服务对象面对家暴有点儿不知所措，担心家暴带给孩子不良影响，故撤销报案记录。经过社会工作者的协助，其意识到搜集家庭暴力证据的必要性，并懂得如何搜集证据，在后续的发展中，也懂得通过家庭暴力告诫书等方式来维护自己的权益，以家暴证据来申请离婚，而不是采取以暴制暴的方式对抗。

（二）保障妇女儿童人身安全，链接资源，促进多方联动

（1）以妇女人身安全为先，社会工作者紧急向妇联汇报案情，及时链

接廉江市民政局救助站等资源，协助其转移到安全住所；链接村委儿童主任、村委妇联，保障孩子居家安全。

（2）根据个案跟进发展需要，社会工作者整合资源，发挥“社会工作者+妇联（群团组织）+民政+派出所+村（社区）”的联动能力，运用个案管理模式提供服务，从服务对象个人人身安全、孩子安全、家庭关系调解等方面，共同推动个案目标的达成。

六、专业反思

（1）家暴案件发展为危机案件，首先要考虑妇女人身安全问题，尊重服务对象自决，鼓励服务对象依法维权。

在此类家庭暴力案件中，妇女为了孩子，往往采取忍受的态度，虽然家暴多年，但危及生命安全才逃离求助。家庭暴力行为反复出现的原因是，施暴者没有及时认识到自身行为涉嫌违犯《中华人民共和国反家庭暴力法》及带给家庭成员的伤害，受暴者未能勇敢表达心声及运用法律武器维护自身权益。故本案件坚持保护妇女儿童人身安全与教育施暴者并普及反家暴法律知识，妇联岗位社会工作者作为妇女的娘家人始终坚持以维护保障妇女儿童人身安全为先，为受暴妇女提供庇护场所，同时也鼓励受暴妇女积极遵从心理意愿，学习法律知识，依法维权，让受暴妇女重获新生活。

（2）该案件涉及家庭纠纷，做好婚姻家庭纠纷预防工作是维护平安家庭及社会和谐的重要举措。作为社会工作者，需要链接资源，营造支持网络，支援服务对象解决问题。该案件是妇联社会工作者发挥“社会工作者+妇联（群团组织）+民政+派出所+村社区”的联动能力，来化解婚姻家庭矛盾纠纷，促进平安家庭建设，构建和谐社会，对以后解决同类案件有指导意义。

（3）该案件仍有改善空间，后续可转介案件到当地社会工作者服务站，让当地社会工作者跟进家庭暴力案件所涉及的儿童心理情况，以及后续适应问题。

点评

家庭暴力是家庭生活中发生在家庭成员之间的一种暴力行为，长期以来对女性受害者构成了严重的权利侵犯和精神伤害。为消解这一困扰女性家庭生活的沉疴积弊，社会工作从尊重女性的尊严和价值、满足女性个性化需求、保障妇女法律权益等角度为女性群体发声。本案例是围绕遭受家庭暴力女性所开展的个案社会工作服务。社会工作者以情绪疏导、紧急安全安置、婚姻选择案主自决等为实践原则，与服务对象建立专业关系，协助其整合和链接相关资源，进而提升服务对象人身安全保护意识及服务对象自身家庭暴力危机应付能力。此案例中，服务计划实施过程目标明确，服务思路清晰，尤其是个案管理这一整合性社会工作模式在个人和家庭服务领域中的应用具有借鉴性意义。此案例不足之处在于，社会工作者对个案管理服务过程的展现不够详尽，对个案管理模式的参与主体及其协调机制的分析讨论也有待深入。

案例四：读书是我唯一的出路
——社工助力低保家庭圆大学梦

湛江市坡头区南调街道办事处 陈华晓

一、背景介绍

（一）基本资料

小凤（化名），女，23岁，未婚，目前在广州读大学三年级，小凤的母亲于2018年因病去世，其没有其他的兄弟姐妹，小凤与年迈的父亲相依为命。小凤与父亲都没有收入来源，是低保对象，每月每人是551元，居住在平房里，约50平方米。小凤的父亲已经82岁，具有一定的自理能力，但随着年纪增长，身体状况每况愈下。小凤只有寒、暑假放假才会回家，平日是小凤的父亲独自在家，居家安全存在隐患。

（二）接案原因

2021年12月，南调街道办事处向社会工作者转介服务对象，得知服务对象小凤从2021年9月开始拖欠学费，共2.5万元，往年小凤的学费由扶贫单位资助，但小凤现已不是精准扶贫对象，扶贫单位表示无法继续资助小凤的学费。学校多次催促小凤交学费，但服务对象一家都是低保对象，每个月依靠低保金生活，没有其他的收入来源，学费对于服务对象的家庭而言，是巨额费用，根本无力支付，服务对象一家陷入了经济危机。服务对象小凤多次向村委会求助，但问题迟迟得不到解决。小凤正值期末考试，学校方面表示，若不能在期末考试前缴清学费，则不会安排小凤参加期末考试，随时会影响小凤的正常毕业。为此小凤内心十分着急，却无力筹集资金，感到求助无门，愁眉不展，情绪低落。为此，社会工作者决定接案介入。

（三）服务对象家庭的健康状况

小凤今年23岁，身体状况良好。2018年，母亲患病离世，当时小凤正在复读高中，这对于小凤而言是沉重的打击。面对母亲的离世和家庭的困难，小凤并没有自暴自弃，而更奋发图强，最终考上了大学。据小凤的父亲说，小凤是一个很努力的孩子，认为读大学是自己唯一的出路。小凤的父亲已82岁高龄，身体状况不佳，今年年初因肺部感染住院，现在处于康复阶段。

（四）服务对象家庭的经济状况

小凤正在读大学，没有收入来源，寒、暑假放假的时候，会出去打工，但工资十分低。小凤的父亲已没有劳动能力，一家依靠低保金生活，两个人的低保金加起来每月有1102元。由于小凤读的大学是私立的本科学校，学费昂贵，每年的学费高达2.5万元，前两年的学费均由扶贫单位资助，现今小凤一家已不属于扶贫对象，面对高额的学费，一家人陷入经济危机。

（五）服务对象家庭的住房状况

小凤与父亲同住在平房里，约50平方米，小凤和父亲分别有自己的房间。虽然房子很简陋，但是小凤和父亲把家里收拾得很干净，小凤的房间里都是与家人的各种合影，布置得十分温馨。由于小凤在外读书，平时只有小凤的父亲在家，小凤的父亲已是高龄，且行动不便，家中的厕所没有安装防滑设施、扶手等措施，存在一定的居家安全隐患。

（六）服务对象的社会状况

1. 家庭方面

小凤与父亲的关系很好，虽然小凤在外读书，但每天都会与父亲打电话，时刻叮嘱父亲在家要吃好一些。通过与小凤的父亲访谈，社会工作者得知在父亲的眼中，小凤是一个孝顺的孩子，并且令他十分自豪，每每说起小凤，小凤的父亲都满脸笑容。

2. 社区方面

社会工作者接案后，通过与村委会干部访谈，得知小凤的社会支持网络支持力度较强。以往小凤有困难的时候，都会求助扶贫单位的工作人员和村委会干部，通常会得到支持。社会工作者通过入户走访，与小凤所在的自然村村长访谈，了解到村长也知道小凤欠学费事宜，并且村长主动提出帮助小凤，愿意借钱给小凤读书，待小凤毕业工作后再慢慢还。

二、分析预估

（一）问题分析

服务对象个人及家庭在身心、经济、住房、社会支持方面存在的问题如下：

1. 身心方面

小凤身心状况良好。小凤的父亲已82岁高龄，腿脚走路不便利，有一定的自理能力，但今年年初因肺部感染住院后，现在身体大不如从前。小凤常年在外读书，小凤父亲独自在家，难免会有孤独、思念情绪。

2. 经济方面

小凤一家依靠低保金生活，每月有1102元的低保金，连基本的生活都难以保障，更不必提小凤每年2.5万元的高昂学费、父亲年老患病住院费等支出。这些支出使得小凤家里经济情况雪上加霜，陷入困境。

3. 住房方面

小凤家庭的住房是平房，小凤的父亲年事已高，独自在家具有一定的风险，但家中缺少相关的护老措施，比如厕所没有安装防滑设施、扶手等。

4. 社会支持方面

小凤曾经的社会支持网络支持力度很强，比如村委会、扶贫单位等，但自从小凤一家不是扶贫对象后，小凤的社会支持网络支持力度有一定的减弱。小凤长期在外读书，父亲很少出门，与邻里交流少，极少参加社区事务，小凤与父亲的社区融入程度低。

（二）需求分析

根据服务对象个人及家庭问题分析，可发现服务对象及其家庭存在如下四个方面的需求。

1. 身心方面

小凤的父亲因肺部感染住院，需要进行身体康复，且小凤的父亲独自在家，时常会产生孤独和思念小凤的情绪，需要他人给予陪伴和支持。

2. 经济方面

小凤因高昂的学费、父亲住院费等支出，经济上存在危机，需要协助小凤链接多方资源，为小凤筹集学费，减轻家庭的经济压力。

3. 住房方面

小凤家的住房需要进行适老化改造，为小凤的父亲提供安全、便利的生活设施。

4. 社会支持方面

小凤的社区支持网络支持力度逐渐弱化，需要增强其社区支持网络力度；邀请小凤及父亲积极参与社会工作者举办的活动，带领其参与社区事务，增强社区融入感。

三、服务计划

（一）服务理论模式

1. 危机介入模式

危机介入模式是针对小凤渴望读书却无力支付高昂的学费，并对此感到求助无门、沮丧的危急状态而采用调适和治疗的工作方法。危机介入的几个重要原则：及时处理、限定目标、注入希望、提供支持、恢复自尊、培养自主能力。危机介入模式的特点：①迅速了解服务对象的主要问题；②快速做出危险性判断；③有效稳定服务对象的情绪；④积极协助服务对象解决当前问题。依据危机介入的原则和特点，社会工作者通过与小凤、小凤的父亲、村委会干部等人访谈，迅速了解小凤的主要问题，了解小凤当下的处境，有效稳定了小凤的情绪，并积极协助小凤解决学费拖欠问题。

2. 优势视角理论

“优势视角”是一种关注人的内在力量和优势资源的视角。该理论意味着应当把人们及其环境中的优势和资源作为社会工作助人过程中所关注的焦点，而非关注其问题和病理。优势视角的原则：①每个个人、团体、家庭和社区都有其优势；②创伤和虐待、疾病和抗争具有伤害性，但它们也可能是挑战和机遇；③与案主合作，我们可以更好地服务于案主；④所有的环境都充满资源；⑤关怀、照顾和脉络。社会工作者在跟进小凤的个案期间，始终用"优势视角"看待小凤及其背后的家庭和社区，小凤自身的努力、父亲对小凤的支持、社区以往对小凤的支持等都是小凤的优势资产，社会工作者利用好服务对象的资产，才能更好地为其提供服务。

（二）服务目标

（1）链接多方资源，协助小凤解决学费欠费危机，陪伴其度过危机事件，给小凤注入希望。

（2）协助小凤向街道办申请临时救助，缓解其经济压力。

（3）社会工作者与小凤及其父亲建立信任关系，发展小凤成为社区的志愿者，增进社区融入。

（4）组织志愿者定期入户探访小凤的父亲，跟进小凤父亲的身体康复情况，并提供陪伴与支持，缓解其孤独情绪。

（5）为小凤的父亲提供居家安全适老化改造，为其提供安全的居家环境。

（三）介入策略

该个案中社会工作者将危机介入模式理论和优势视角理论二者结合。

首先运用危机介入模式处理服务对象学费欠费事宜，依据危机介入模式的4个特点开展服务。

（1）迅速了解服务对象的主要问题：小凤目前拖欠学校学费2.5万元，如今无力筹集学费，陷入经济危机，小凤为此十分忧愁、沮丧，感到求助无门，担心不能继续读书。

（2）快速做出危险性判断：小凤因欠学费，学校方面多次催促，当时正值期末考试，若小凤不能在期末考试前缴清学费，学校则不能给小凤安排期末考试，到时候会影响小凤的正常毕业。因此，小凤的学费筹集事宜迫在眉睫。

（3）有效稳定服务对象的情绪：社会工作者与小凤访谈，与小凤共同商讨如何筹集学费，社会工作者将目前能整合的资源都一一告诉小凤，并为小凤制订个案跟进服务计划。此举有效稳定了小凤的情绪，一定程度上消除了小凤的担忧和顾虑。

（4）积极协助服务对象解决当前的问题。运用优势视角理论，社会工作者积极挖掘小凤自身及家庭、社区的资源，通过链接当地的扶贫单位、村委会、街道办等渠道，多方为小凤筹集学费。待学费事宜解决后，社会工作者发动小凤成为社区志愿者，小凤由受助者角色往助人者角色转变，增进小凤的社区融入感。

社会工作者以家庭为单位，小凤的父亲也是社会工作者跟进的对象，社会工作者采取“志愿者+社会工作者”的模式，定期入户探访小凤的父亲，跟进其身体康复状况，并提供陪伴，缓解小凤父亲的孤独情绪。另外，社会工作者将会组织志愿者入户评估小凤父亲的居家安全问题，为其提供适老化的居家安全改造。

（四）服务程序

1. 第一阶段：学费危机事件的处理（2021 年 12 月）

社会工作者针对小凤的紧急事件，做出了以下安排：

（1）迅速了解服务对象的主要问题。社会工作者接案后，立即向当地村委会干部、扶贫单位负责人了解小凤的基本情况，并拿到了小凤的联系方式，与小凤展开访谈，了解小凤目前的困境和难处。另外，社会工作者入户到小凤家，与小凤所在的自然村村长、小凤的父亲展开访谈，进一步了解小凤的家庭情况。

（2）快速做出危险性判断。社会工作者了解到小凤所处的困境，若小凤不能在期末考试前（即 12 月前）缴清学费，则小凤不能参加期末考试，不能参加期末考试意味着小凤将没有学分，会影响到小凤的正常毕业，因此筹集学费事宜迫在眉睫。

（3）有效稳定服务对象的情绪。针对服务对象担忧、感到求助无门的不良情绪，社会工作者给予服务对象陪伴和关怀，告诉服务对象：社会工作者将会陪伴其一起面对危机事件。社会工作者通过与小凤访谈，与小凤共同商讨如何筹集学费，社会工作者将目前能整合的资源都一一告诉小凤，并为小凤制订个案跟进服务计划，此举有效稳定了小凤的情绪，一定程度上消除了小凤的担忧和顾虑。

（4）积极协助服务对象解决当前问题。一是社会工作者链接多方资源，包括村委会、村长、当地扶贫单位、街道办等多方单位。二是向督导寻求帮助，链接市级慈善资源。

2. 第二阶段：协助小凤向街道办申请临时救助，缓解服务对象的经济压力（2021 年 12 月至 2022 年 2 月）

2021 年 12 月，社会工作者入户了解小凤的家庭情况，将小凤家的困难情况向街道办的事务岗社会工作者、相关领导反馈，若小凤的条件符合，则申请街道办或坡头区临时救助，一定程度上缓解了服务对象的经济压力。

3. 第三阶段：发展小凤成为社区的志愿者，从受助者往助人者的角色转变，增强其社区融入感（2022 年 1—6 月）

2022 年 1—6 月，社会工作者利用优势视角看待小凤及其家庭，小凤作为当代大学生，可以利用寒、暑假时间，参加社区志愿服务。社会工作者鼓励小凤参与志愿服务，从受助者往助人者转变，为社区治理贡献一份力量，有助于小凤增强社区融入感。

4. 第四阶段：定期入户探访小凤的父亲，跟进小凤父亲的身体康复情况，并提供陪伴与支持，缓解其孤独情绪；组织志愿者入户评估小凤父亲的居家安全问题，为其提供适老化的居家安全改造（2022 年 2—6 月）

2022 年 2—6 月，社会工作者定期入户探访小凤的父亲，跟进小凤父亲的身体康复情况。在入户过程中，社会工作者可带领志愿者或邻里一起入户，通过聊家常，为小凤父亲做一点力所能及的事情，让其感受到社区及邻里的温暖，缓解其孤独情绪。同时，社会工作者组织专业的志愿者，评估小凤父亲的居家安全问题，链接社会资源，为小凤父亲提供适老化的居家安全改造，让其在安全的居家环境中生活。

四、服务计划实施过程

（一）初步接触与建立关系

自 2021 年 12 月，街道办向社会工作者转介小凤个案后，社会工作者与小凤、小凤的父亲初步接触，社会工作者向服务对象表明身份，得到了服务对象的信任，社会工作者与服务对象建立起初步的信任关系。社会工作者在与小凤接触的时候，小凤当时正在广州的学校，无法会面，因此社会工作者通过电话、微信与小凤进行联系。当社会工作者向小凤表明身份时，得到了小凤的初步信任，小凤逐渐向社会工作者袒露自己遇到的困境。小凤每年的学费是2.5万元，目前小凤申请到了1万元的助学贷款，欠学校1.5万元的学费，若不能在12月前缴清，则不能参加期末考试。小凤十分担心不能按时筹集学费，如果不能参加期末考试，将影响小凤的正常毕业。在此过程中，社会工作者专心地聆听，给予小凤安慰，不断肯定小凤所说的话，让小凤感受到被支持和被理解。社会工作者表示会和小凤一起面对此次难关，并与小凤一起商量办法，一定程度上缓解了小凤的着急、焦虑情绪。小凤向社会工作者说道："目前我爸爸并不知道学费事情，他一直以为我的学费是免费的，我害怕他为我担心，所以一直没有告诉他。"社会工作者表示保密是工作原则，请服务对象放心。

为了更一步了解小凤的情况，社会工作者在村长的带领下，来到了小凤的家中。社会工作者与小凤的父亲展开访谈，进一步了解家中的情况。当社会工作者表明自己的身份时，小凤的父亲虽然不懂社工是什么，但他知道社会工作者是好人，愿意向社工说起家中的情况。小凤的父亲每次提起小凤，都是一脸骄傲的表情，但也表示很心疼她。高考的时候，小凤考试失利，没能考上本科院校，小凤的父亲劝导小凤去读专科，但是小凤还是希望能读本科学校。于是，小凤就到了茂名的封闭学校复读，在复读的时候，母亲突然病逝，对于小凤而言是极大的打击。母亲丧事结束后，小凤没有被打倒，回到学校继续读书，因为小凤曾对父亲说道："我不能放弃，读书是我唯一的出路。"

（二）搜集资料与问题评估

社会工作者向小凤本人、小凤的父亲、村长、村委会干部、扶贫单位等多方搜集资料，进一步评估小凤目前遇到的问题和困难。在搜集资料的过程中，社会工作者了解到以下情况：一是小凤往年的学费是由扶贫单位资助的。自2021年起，小凤不再属于扶贫对象，所以没有了学费资助；二是小凤所在的自然村村长表示愿意借钱给小凤读书，待小凤以后出来工作，再慢慢偿还；三是村委会干部说到小凤曾多次打电话向自己求助，电话里每次都是哭着，和小凤在一起住的舍友也帮小凤说话，希望村干部能多帮助小凤，但是村干部表示自己也无能为力，所以小凤的学费事宜迟迟没能解决；四是村干部提出为小凤进行众筹，但小凤不愿意，因为父亲对小凤学费事宜不知情，若在村中进行众筹，父亲会十分担心。

问题评估阶段，社会工作者以家庭为单位，不仅评估小凤个人问题，也评估小凤的家庭问题，包括小凤父亲的身体康复、孤独情绪、居家安全等问题。社会工作者面对服务对象错综复杂的问题时，并不能全部一下子解决。于是，社会工作者根据问题的迫切程度进行排序，目前小凤最迫切的问题是筹集学费。

（三）协助小凤解决学费拖欠危机

为了解决小凤的学费拖欠危机事件，社会工作者多次与小凤、村委会干部、扶贫单位负责人、督导等多方讨论，为了能尽快筹集学费，确定了以下可行方案：一是扶贫单位的负责人向上级反映情况，小凤家庭处于随时会返贫的情况，为小凤向上级申请资助；二是村长先为小凤借支学费，工作后慢慢还给村长；三是督导为小凤寻求市级资源；四是社会工作者向街道办申请临时救助。社会工作者把这四个方案告知小凤，小凤听后，十分开心，很感谢社会工作者的帮助。在此过程中，社会工作者时刻陪伴着小凤，随时告知小凤目前的进度。大约过了一个星期，扶贫单位负责人告知社会工作者：资助有希望了。于是，社会工作者联系小凤出具在校证明、学费欠费清单等资料，小凤把资料从广州寄了回来，社会工作者将资料交给扶贫单位的负责人，最终链接到了湛江慈善会 1.5 万元资助，顺利解决了小凤的学费问题。小凤得知消息后，十分高兴地把消息告诉了社会工作者，小凤多次感谢社会工作者和扶贫单位，向社会工作者发来微信：谢谢你们。尽管是短短几个字，背后却是多方努力的成果，社会工作者也为小凤感到高兴，小凤的心头大石终于放下了。

（四）协助申请临时救助，缓解服务对象经济压力

社会工作者将小凤的情况反馈给街道领导和事务岗的社工，小凤符合申请临时救助的政策。但由于小凤不在家，为此，社会工作者以小凤父亲的名义申请临时救助。2021 年 12 月 14 日，社会工作者到小凤家里跟进临

时救助申请。为了遵守社会工作者的保密原则，社会工作者向小凤的父亲解释此次临时救助申请是为了补贴小凤的生活费。小凤的父亲听了后，十分开心，感谢社会工作者和政府对自己的关心。随后，社会工作者协助小凤的父亲填写表格，搜集小凤一家的户口簿、身份证、低保证、银行卡等信息。社会工作者把资料准备好，便送到街道公共服务办。考虑到小凤一家确实困难，事务岗的社会工作者为小凤把临时救助申请提交至坡头区民政局，希望能为小凤多申请一些救助金。最终社会工作者为小凤申请到2000 元的临时救助金，缓解了服务对象的经济压力。

（五）建立信任关系，发展小凤成为社区的志愿者，增强其社区融入感

社会工作者通过入户探访、微信、电话等方式，与小凤及其父亲建立了信任关系。社会工作者在与小凤进行交谈的时候，发现小凤对志愿服务很感兴趣，小凤说道："我每次回去都想参加志愿活动，但是我找不到渠道参加。"见状，社会工作者邀请小凤成为社工站的一名志愿者，并加入南调街道社会工作与志愿服务协会的会员。2022 年 1 月 17 日，社会工作者了解到小凤已放假回家，社工站于 18 日有一场春节剪纸手工活动，正需要志愿者，为此社会工作者邀请小凤参加志愿活动，小凤表示自己十分想参加，但是碰巧父亲因肺部感染正在住院，无法参加社工站的活动，社会工作者表示目前照顾父亲重要，待下一次有志愿活动再参加。下一步社会工作者将会持续邀请小凤参加社区志愿服务，让小凤从受助者角色往助人者转变，进一步增强小凤的社区融入感。

（六）定期入户探访，跟进小凤父亲的身体康复情况，并提供陪伴与支持，缓解其孤独情绪

社会工作者定期入户探访小凤的父亲，目前小凤父亲的身体已逐渐康复，小凤亦正常返校上课。在入户探访的过程中，小凤的父亲时常向社会工作者提起女儿，主动拿女儿的照片给社会工作者看，小凤从幼儿、小学、初中、高中的照片都一一保留着，小凤的父亲向社会工作者讲述每一张照片背后的故事，小凤的父亲说道："每次我想念小凤的时候，都会翻看一下照片。"每次说到女儿的事情，小凤的父亲都是满脸笑容，社会工作者感受到小凤对于他而言，就是最大的骄傲。小凤的父亲极少出门，除了每晚与女儿打电话，其余的时间都是在家看电视。有了社会工作者的入户陪伴，小凤的父亲多了一个倾诉的对象，一定程度上缓解了其孤独的情绪。

（七）为小凤父亲提供居家安全适老化改造，改善居家环境

社会工作者后续组织专业的志愿者上门，对小凤的父亲的居家安全进行评估，链接社会资源，为小凤的父亲提供安装厕所防滑垫、厕所扶手等适老化改造，让小凤的父亲在安全的居家环境中生活。

五、总结评估

经过社会工作者 4 个月的跟进，服务对象在生理、心理、经济和社会支持方面均有了改善，服务对象往一个稳定的状态发展，目前针对小凤本人的学费危机事件已处理完毕，后续社会工作者仍要关注小凤一家，特别是小凤父亲的居家安全改造问题。以下是针对社会工作者近 4 个月的服务成效进行总结与评估。

（一）效果评估

第一，社会工作者介入后，挖掘服务对象及周围的资源，并发动多方资源，共同合力，为服务对象解决了学费欠费的危机，让服务对象能继续留校读书；第二，社会工作者协助服务对象的父亲申请临时救助，最终成功申请到了 2000 元临时救助金，缓解服务对象的经济压力；第三，社会工作者通过与服务对象访谈，了解到服务对象对志愿服务感兴趣，社会工作者成功邀请服务对象成为社工站志愿者的一员；第四，社会工作者通过入户探访服务对象的父亲，与服务对象的父亲建立起信任关系，为服务对象的父亲提供社会心理支持，缓解了服务对象父亲的孤独情绪。

（二）效能评估

针对小凤的个案，目前社会工作者投入了将近 4 个月的时间，日常主要是两名社会工作者进行跟进，其中多次发动村委会、街道办、扶贫单位等多方单位，链接了社会资源，实质性解决了服务对象的学费欠费危机，服务产出的效果远远大于社会工作者投入的人力、物力与时间。

（三）服务对象及其父亲满意度评估

服务对象对目前自己的状态很满意，社会工作者在与服务对象访谈的过程中，服务对象向社会工作者表示：最近一切都好，感谢社会工作者对自己的帮助。服务对象的父亲亦是如此，十分感谢社会工作者关心自己和女儿。

六、专业反思

（一）尊重、接纳、同理，给予心理支持

对于服务对象来说，出生于贫困的家庭，却选择念 2.5 万元一年学费的学校，大部分人对此都不理解，甚至会指责服务对象。在跟进过程中，社会工作者接纳与尊重服务对象的选择，不批判服务对象的选择，所以社会工作者能真正同理服务对象的感受。“读书是服务对象唯一的出路”，而服务对象当时正面对着随时不能正常毕业的困境，服务对象当时是如此的着急与无助，这很大程度上促使社会工作者一定要尽最大的努力去帮助服务对象。

（二）运用优势视角，积极挖掘服务对象的资源

社会工作者在开展个案的过程中，要充分看到服务对象自身及周围环境的优势，社会工作者了解到服务对象以往的学费都由当地的扶贫单位进行资助，扶贫单位对于服务对象而言，就是一种资源。因此，社会工作者在与多方单位沟通的时候，每一次都会找到扶贫单位的负责人，尽管扶贫单位的负责人一再表示，自己无能无力。但社会工作者多次向扶贫单位的负责人讲述小凤的不容易，随时会出现返贫现象，使得扶贫单位的负责人愿意向上级咨询，最终链接到了湛江慈善会的资源，解决了服务对象的学费问题。在整个过程中，社会工作者利用服务对象的资源解决了服务对象自身的问题。

（三）相信服务对象潜能，助其由“受助”转变为“助人”

助人自助，挖掘服务对象的生命潜能是社会工作者的理念和奋斗目标。《老子》说：“授人以鱼，不如授人以渔，授人以鱼只救一时之急，授人以渔则可解一生之需。”在开展个案工作过程中，虽然社会工作者会评

估服务对象的困难、需要，然后设法帮助其解决困难，但是很少想到怎样挖掘其生命潜能，让其“自助”，甚至“助人”。因此，作为社会工作者，不仅要帮助服务对象，也要看到服务对象的潜能，相信服务对象也能帮助他人。

（四）正确运用访谈技巧，深入挖掘服务对象背后的内在需求和问题

社会工作者在介入过程中，通过与服务对象的面谈，了解服务对象的基本情况、需求、问题和资源。在面谈中，社会工作者可运用深度访谈技巧，深入挖掘服务对象表述背后的内在需求与所有的资源。在进行需求评估后，继而制订介入方案，展开介入服务去回应服务对象的需求。因此在接案过程中，社会工作者时刻提醒自己：社会工作者的谈话是以介入服务为目的，因而要注重挖掘服务对象的需求与资源，而非漫无目的地闲聊。

点评

该案例中社会工作者通过深入挖掘服务对象所面临的问题、需求和资源，合理运用优势视角和危机介入模式制订干预计划，并多方链接资源去回应服务对象需求，服务过程较为细致，个案工作方法与技巧运用得当，取得了较为明显的服务成效，也有一定的专业反思，体现了社会工作的专业性与助人性，为特困家庭注入了希望。

案例不足之处是总结评估部分未提及评估方法，就表述而言评估方法过于单一，有待在今后工作中进一步规范评估方法。

案例五：大家好，家才好

——社工与你共筑家的温度

湛江市霞山区爱国街道社会工作与志愿服务协会　陈宇

一、背景介绍

（一）接案缘由

第一次知道服务对象是因为服务对象女儿报名参加社工站的志愿服务活动，了解到服务对象女儿平时都要打工赚取生活费用，家庭经济困难。同时，根据服务对象妻子的描述，服务对象患有精神疾病，经常住院，靠自己打散工维持家庭生活，平日夫妻间的相处也不是非常好。

（二）基本情况

1. 家庭结构

服务对象（CYL）和妻子（CXH）育有一女（CZJ）。虽然家中还有老母亲（WQZ），但是服务对象和妻子女儿并没有与母亲一起居住。

2. 经济情况

服务对象每月退休金 1000 元左右，妻子没有退休金，也没有稳定工作，平日都是打散工，收入少，不稳定；女儿在广州读大学，课余时间会做兼职赚取生活费，减轻家庭经济负担，但是仍然无法缓解家庭经济困境。

3. 身体状况

服务对象属于精神二级残疾，经常发病住院，还患有甲亢、肺部不适、白内障等疾病；其母亲、妻子和女儿的身体状况良好。

4. 家庭相处模式

服务对象脾气暴躁，经常会骂妻女。妻子对此是敢怒不敢言，内心恐惧和害怕。虽然夫妻长期处于争吵暴力型的家庭相处模式，但是妻子和服务对象的母亲相处得非常好，服务对象的母亲时常称赞她是个好媳妇。

5. 社会支持网络

服务对象大部分时间都在家看电视、睡觉，很少外出，也没有什么朋友；妻子忙于打工，没有什么社交活动；女儿忙于学业和兼职，也缺乏社交活动；母亲会经常在社区和邻居老人聊天。

二、分析预估

（一）问题分析

社会工作者通过入户、邻里走访、社区咨询等方式了解到服务对象一家存在以下三个方面的问题。

1. 生理方面

服务对象患有精神疾病，长期靠吃药稳定病情，偶尔发病住院，曾在第三人民医院住院两次。除此之外，服务对象还患有甲亢、肺部不适、白内障（已经开始影响其视力），服务对象觉得治疗和手术需要花费很多钱，不敢去大医院接受治疗。

2. 心理方面

社会工作者入户与服务对象妻子面谈时发现，妻子说到平日和服务对象的相处情况就会哭泣，其间伴有恐惧情绪。她说："他经常会骂人，就算他住院，我去探望他也会被骂，经常说我乱花他的退休金，但是实际上退休金都不够住院费。"夫妻两人的相处模式已经出现问题，长期在这种争吵暴力型的家庭相处模式下，会引发服务对象妻子的心理问题。

3. 社会支持网络

妻子无稳定工作，收入少，平时没有什么娱乐活动。服务对象身患多病，平时都是在家的时候多，没有什么朋友。女儿读书，学费和生活费也是必不可少的，因为没有办理低保和其他国家政策扶持，这两个方面的支出已经把整个家庭压垮，把服务对象妻子压垮。正式支持和非正式支持对于服务对象来说都是非常欠缺的。

（二）需求评估

社会工作者根据以上对服务对象的问题分析，与服务对象共同确定服务需求如下：

1. 生理方面

社会工作者需要整合现有的医疗援助资源，为服务对象做初步的身体检查，并针对甲亢、肺部不适和白内障等疾病开展专业的免费治疗援助服务。

2. 心理方面

服务对象和妻子长期的矛盾相处模式，给妻子造成了很大的心理阴影，妻子非常害怕服务对象的谩骂，甚至有时候不敢见他。社会工作者需要从两方面进行介入：

（1）为服务对象妻子提供心理疏导，缓解其因为服务对象的谩骂而产生的恐惧心理。

（2）引导夫妻双方用正确的方式沟通，回归正常的家庭相处模式，不要让沟通问题阻碍了亲情的传递。

3. 社会支持方面

服务对象整个家庭的社会支持网络较为缺乏，需要开展以下服务：

（1）构建正式的支持网络。一方面，协助申请低保办理，获得国家政策扶持，缓解家庭经济压力；另一方面，社会工作者为服务对象家庭提供政策对接、资源链接、心理疏导、社会融入和能力提升等社会工作专业服务。

（2）增强非正式的支持网络。引导服务对象及其妻子和女儿参加社区活动，扩大交友圈子，结交朋友。

三、服务计划

（一）服务理论模式

1. 社会支持理论

社会支持理论指的是一组个人之间的接触，通过这些接触，服务对象得以维持社会身份并且获得情绪支持、物资援助和服务、信息与新的社会接触。依据社会支持理论的观点，一个人所拥有的社会支持网络越强大，就能够越好地应对来自环境的各种挑战。社会支持网络分为正式支持与非正式支持。正式支持体系主要是由国家行政、事业机关或是正式的社会服务组织所提供的资源支持，如街道办事处、社会工作服务站等，主要包括贫困救助、危机干预、生活照料、老年人权益保障等多方面的内容。非正式支持体系一般是通过私人关系的建立而获得的情感支持，比如亲戚、朋友等提供经济支持、生活照料、情感支持、精神慰藉等内容。

2. 家庭系统理论

家庭系统理论的主要观点：家庭成员的问题是由整个家庭不良的沟通交流方式导致的，家庭所面临的危机既是机会也是挑战，因“问题”而导致的家庭问题功能失调能够有效解决。同时，家庭系统中成员改变会影响其他家庭成员，成员个人行为会相互影响，因果循环，每个家庭系统包含多个子系统，归属家庭系统，比如夫妻、亲子、婆媳等。

（二）服务目标

（1）协助服务对象办理低保申请，增加其经济收入，缓解其经济压力。

（2）为服务对象链接医疗援助资源，做好精神康复和身体康复服务。

（3）引导服务对象改善夫妻沟通方式，减少矛盾的产生，同时给予服务对象心理疏导。

（4）给予服务对象女儿学业帮扶。

（5）促进服务对象一家的社会融入，扩大交友圈子。

（三）介入策略

1. 构建正式社会支持网络

根据前期所了解到的全方位资料，服务对象家庭经济困难，自身属于精神二级残疾。社会工作者要协助服务对象一家构建正式的社会支持网络，即申请低保办理。社会工作者需开展以下工作：一是对接事务岗社工，帮助服务对象办理低保申请；二是和民政干部、事务岗社工一同入户核实情况；三是上交资料，等到班子会议审核通过并办理申请。

2. 重建家庭沟通模式

结合服务对象家庭所存在的夫妻关系问题，社会工作者开展面对面干预行动，先了解清楚服务夫妻双方内心真实想法，摸清夫妻关系问题的根源，从根源入手，改变沟通方式，从源头上去避免矛盾的产生。除此之外，还需引导夫妻双方学习更多的夫妻相处之道。

（四）服务程序

1. 第一阶段：构建正式社会支持网络（2021 年 9 月至 2022 年）

（1）找准服务对象需求。2021 年 7 月，社会工作者第一次接触到服务对象及其家庭成员，经过初步走访了解，发现服务对象身患多病，经常住院，无工作能力，而且经济收入微薄，无法保障一家的基本生活开支和女儿的学费开支；服务对象和妻子之间的相处也是矛盾重重，导致服务对象妻子长期情绪低落。

（2）协助申请办理低保。2021 年 9 月社会工作者正式将服务对象一家作为个案对象开展专业跟进服务。首先是对接了事务岗社会工作者为服务对象一家申请办理低保，协助其准备各种申请资料；其次是和街道民政干部入户进一步核实服务对象的各方面情况是否属实，进行评估；最后在 11 月为其成功办理低保，服务对象开始领取低保金。社会工作者为服务对象对接政策资源，这是在为其构建正式的社会支持网络。

（3）链接资源，守护健康。根据服务对象的身体情况和个人意愿，社会工作者整合现有资源，为服务对象开展入户义诊服务，并针对白内障等问题开展入院手术治疗等免费服务。链接社会医院资源，也是构建一种正式的社会支持网络。

2. 第二阶段：强化非正式社会支持网络（2022 年）

（1）运用家庭系统理论调节夫妻相处模式。由于相处模式出现问题，服务对象和妻子会经常产生矛盾，经常吵架，社会工作者通过“夫妻角色互换”“情景重现”和“夫妻相处模式调节”等方法引导服务对象夫妻双方学会换位思考，控制情绪，增进有效沟通，加强亲人间的情感支持。

（2）提供心理疏导，输入希望。据了解，服务对象经常谩骂妻子，妻子也说："很害怕，之前住院我去看他也被骂，说我乱花钱，实际上并没有。"长期的家庭语言暴力下，服务对象妻子产生恐惧心理，每次说起都会眼眶湿润。对此，社会工作者先倾听服务对象妻子诉说，了解其内心的真实感受，向她说明这可能只是夫妻间的相处方式出现问题了，不要相互埋怨，如果后期再发生无端谩骂，可以找社会工作者进行现场调解，出现心理不适也要及时寻找社会工作者的帮助，不要独自扛下所有。

（3）策划活动，促进社会融入。结合社会工作服务站的年度目标，策划开展节日活动、技能学习小组等，邀请服务对象和妻子参加活动，扩大交友圈子，认识邻里，获取朋友、邻里间的经济、情感、心灵等非正式支持。

四、服务实施过程

（一）初步接触与建立关系

2021 年 7 月，社工站开展"暑假作业帮"活动，服务对象女儿（CZJ）报名参加志愿服务，这是社会工作者第一次接触服务对象女儿，CZJ 说自己平时放假都要打工，难得有时间做志愿活动，同时，洪屋社区干部也与社会工作者沟通说明其家庭的困难情况，希望社工站能够帮助 CZJ 完成学校的志愿服务时长要求。于是，社会工作者为了进一步了解其家庭情况，与 CZJ 父母进行面谈。面谈的时候，社会工作者首先是对服务对象家庭的情况进行了初步了解，包括经济情况、身体情况和日常生活情况等方面，初步分析服务对象的家庭问题。在界定服务对象的"问题"时，社会工作者应以服务对象的界定为主，与服务对象共同分析确定问题，或者是双方讨论的结果，而不是社会工作者一方界定的结果。在会谈过程中，社会工作者向服务对象表明身份，说明工作职责和能力，与服务对象及家属建立初步信任关系。同时，在会谈的时候，社会工作者专注地倾听，适时给予服务对象和家人肯定与支持，关注服务对象隐藏在话语后面的情绪和问题。

（二）搜集资料与问题评估

在和服务对象初步建立信任关系的基础上，社会工作者进行多方求证，一是从社区居委会入手，从社区管片干部处了解服务对象的情况；二是进行邻里咨询，从服务对象居住地的周边出发，咨询邻居，了解服务对象平日的生活状态和家庭经济情况，多方调查，贴合实际。由于服务对象的问题比较多，社会工作者经过和服务对象的商讨，从事情的轻重缓急为出发点，先协助服务对象解决比较急需的问题。目前服务对象最重要的就是申请低保办理，缓解经济压力。

（三）确定目标，共同制订服务计划

根据社会工作者的专业评估和服务对象的共同商讨，最终确定了五个服务目标：一是协助服务对象办理低保申请，增加经济收入，缓解经济压力；二是为服务对象链接医疗援助资源，做好精神康复和身体康复服务；三是引导服务对象改善夫妻沟通方式，减少矛盾的产生，同时给予服务对象心理疏导服务；四是给予服务对象女儿学业帮扶；五是促进服务对象一家的社会融入，扩大交友圈子。对于以上服务目标，服务对象说："很好，我也是想说能不能先申请低保，缓解一下经济压力，起码保证我们一家的基本生活。"得到服务对象的认可后，社会工作者开始制订具体的工作方案，从以下四方面开展服务：一是帮助服务对象构建正式的社会支持网络，申请低保，整合资源，链接医疗援助服务；二是着手解决服务对象的家庭相处问题，即夫妻相处问题；三是引导服务对象和家人参加社区活动，走出家门，促进社会融入；四是根据服务对象女儿的实际需要提供学业帮扶。

（四）执行计划

执行服务计划过程中，社会工作者会扮演各种各样的角色。社会工作者协助服务对象申请低保，将国家政策链接到服务对象的家中，社会工作者在其中充当资源链接者；社会工作者为服务对象妻子提供心理支持，疏导其不良情绪，此时社会工作者扮演治疗者角色；社会工作者组织策划社区活动，邀请服务对象和妻子参加，还能给服务对象女儿提供志愿服务的机会，促进服务对象和家人们的社会融入，结识更多的朋友，在此社会工作者扮演了平台搭建者的角色；除此之外，社会工作者还对服务对象和妻子进行夫妻关系调试，通过"夫妻角色互换""情景重现""夫妻相处模式调节"等方法引导服务对象夫妻双方学会换位思考，控制情绪，增进有效沟通。

当然，服务计划只是一个框架方向，实际工作开展还是要结合服务对象的具体情况进行调整修改。例如，服务对象因为精神疾病发作住院，无法回到家中配合社会工作者开展相关服务，社会工作者可以先以服务对象妻子为焦点，提供心理疏导服务，帮助其调整心态和情绪，也是为后期开展夫妻关系调整工作打下基础。只是调整服务的主体顺序，但是最后还是以服务目标为指引开展服务。

五、总结评估

2021 年 9 月至 2022 年 3 月，社会工作者已经陪伴服务对象及家人半年时间，开展了 4 次专业跟进服务，过程中也达成相关目标，以下对服务成效进行总结评估。

（一）生理方面

开展专业服务前，服务对象是知道自身患有白内障、肺部不适和甲亢等疾病，但是只有精神病发作才住院治疗过，其他方面的疾病没有接受过专业治疗，自己也是觉得能拖就拖。社会工作者根据服务对象的身体情况和个人意愿，开展介入服务，对接了南粤医院志愿服务队，并决定在 2022 年 4 月开展入户义诊服务，做身体情况的初步诊断，并计划利用南粤医院的帮扶项目帮助服务对象做白内障手术，缓解其眼部不适。

（二）心理方面

开展专业服务前，根据服务对象妻子描述，服务对象经常无缘无故谩骂妻子，经常嫌弃妻子，还说妻子乱花钱，然而退休金都不够自己看病住院，导致妻子心生恐惧。在服务对象出院后，社会工作者入户了解其和妻子的相处问题，并引导夫妻双方进行角色互换，换位体验对方的感受。服务对象深刻反省自己，已经认识到自己过去谩骂妻子的过错，也答应妻子和社会工作者愿意改正，以后和妻子好好沟通、好好相处。社会工作者运用倾听、专注、同理等工作技巧，以及前期的夫妻相处干预模式，妻子现在已经没有刚开始那么害怕丈夫了，现在说起来都是面带笑容，没有哭泣，心里的恐惧感也慢慢没有了。不管是夫妻间相处还是服务对象妻子个人的心理变化，都在往好的方面发展。

（三）社会支持方面

1. 构建正式社会支持网络

在社会工作者介入前，服务对象没有办理低保，也没有钱看病，不敢看病，除了社区居委会，也没有任何其他的正式组织给予关怀。社会工作者从对接政策、链接医院资源、开展社会工作专业服务等方面为服务对象及家人构架正式社会支持网络，缓解其经济压力、医疗困境，解决了服务对象最基本和最首要的两个问题。同时，也为其女儿提供志愿服务实践平台，缓解其学业上的压力。

2. 构建非正式的社会支持网络

2022 年 3 月，社会工作者筹备中老年人医疗养生讲座，已经提前向服务对象发出活动邀请，相信服务对象在参加活动的同时能够认识更多的志同道合的邻里好友。

六、专业反思

（一）社会工作者需要根据服务对象的情况调整服务计划

服务对象在社会大环境中，很难避免出现临时突发情况，比如服务对象有时候因为精神疾病发作需住院治疗，无法面对面开展服务，这时社会工作者就要调整服务主体，暂时从服务对象的妻子或者女儿方面开展工作，保证服务不间断，服务目标持续推进。

（二）社会工作者要关注服务对象的情绪和心理变化

在服务过程中，服务对象的一言一语、一举一动，背后都可能会藏着情绪和心理变化，社会工作者要专注倾听服务对象，不强加个人的价值观念，从服务对象的角度出发开展服务。

（三）多方介入，提供社会工作专业服务

社会工作者要懂得从服务对象的家庭成员和生活环境各方面去多方介入，比如从服务对象个人到服务对象的家庭环境、妻子、女儿等各方面去着手开展专业服务，通过个体的改变去影响整个家庭的正向发展，帮助其回归正常的家庭相处模式。因为家庭就是有层次的生活圈，每一个人都是

重要的一分子，每个人的变化都可能对整个家庭产生不良影响，“牵一而发动全身”。

（四）五社联动，资源共享

社会工作者要联合社区居委、社会组织、社区志愿者等在辖区范围内对服务对象开展专业的个案服务，从社区居委干部了解服务对象的情况，在了解掌握需求的基础上，链接社会工作站现有资源的同时，也招募志愿者协助开展社区活动，邀请服务对象参加。

（五）社会工作者要不断加强专业学习

服务对象的介入工作方法属于家庭社会工作。社会工作者关于家庭社会工作的服务经验不足，需要不断加强家庭社会工作的专业知识学习，便于后期继续为服务对象提供专业化的服务。

点评

该案例的服务对象与其家庭及其所面对的困难较为普遍，服务对象精神残疾、身患多病、家庭贫困，且家庭沟通不畅，这样的家庭在基层社会中具有一定的代表性，因此该案例具有较好的实践意义和示范效应。案例中的社会工作者通过对案主的深入接触与需求评估，制订合理的介入计划，理论运用得当，实务过程较为完整，取得了较为良好的服务成效。整个案例体现了社工的专业性、服务过程的完整性，也为基层社会中的贫困家庭的社会工作服务提供了一定的参考。

当然，案例在成效评估上尚缺乏规范性，专业反思在理论提升上还有待进一步的思考。

案例六：“五社联动”助残困家庭

——一户多残家庭个案救助案例

湛江市民政局　陈雯璞；湛江经开区东简街道办事处　徐华帅

一、背景介绍

（一）基本资料

服务对象 LYW，男，今年 83 岁，与其妻子共育有 5 个子女，其妻子在 2011 年因难产已故，5 名子女中有 3 个儿子重度智力残疾。大儿子 LHN 一级智力残疾，今年 22 岁；三儿子 LHX 二级智力残疾，今年 17 岁；四儿子 LH 二级智力残疾，今年 15 岁；二儿子就读高二，一个女儿就读初二。LYW 一家是低保家庭。

（二）个案来源

社会工作者在社区入户走访过程中发现服务对象 LYW 的大儿子 LHN 在马路边，衣衫不整，由于当时时间为晚上 7 点钟，天色已黑，路上车水马龙，考虑到安全情况，社会工作者询问了 LHN 简单的问题，但无法进行交流，随后社会工作者为其购买了饭菜，但 LHN 未食用。社会工作者最后联系了当地村委会，在村委会干部的帮助下，最终将 LHN 护送回家。最终，社会工作者将其一家列为个案服务对象。

（三）背景情况

在初次接触服务对象一家时，父亲 LYW 表示，服务对象一家的亲友并不多，外来支持有限。观察到服务对象家中的摆设陈旧破烂，物质生活并不富裕。整体上，服务对象一家的社会支持和资源都比较匮乏。

1. 家庭基本情况

服务对象一家共 6 口人居住在改造过的平房中，卫生条件差，衣物等杂物堆放无章，房屋味道大。父亲LYW因年事已高，行动不便，而其3个重度智力残疾的儿子生活不能自理；另外一个儿子和女儿分别就读高中和初中，除寒、暑假外，较少回家。

2. 家庭经济情况

服务对象一家为低保家庭，享受政府低保救助及3个儿子残疾人“两项补贴”，无其他经济来源。父亲LYW有一个弟弟常年在外，其侄子一年中有几次探望LYW一家。

3. 情绪状况

服务对象长年因照顾家庭的压力大，再加上自己的年龄大，担心5个子女以后无人照顾，情绪波动大。

4. 健康状况

服务对象LYW腿脚不便，3个重度智力残疾的儿子卫生习惯差，身体无大碍。

5. 人际关系

服务对象一家平时只接触家人，较少与外人接触，随着年龄的增长，3个儿子经常在大街小巷流浪，父亲经常收到来自多方的投诉。

6. 社区支持网络

社区对该家庭较为关注，邻里对其家庭比较关注，社会工作者进行介入。

二、需求分析

社会工作者通过前期的资料搜集和分析评估，发现服务对象存在如下方面的需求。

（一）服务对象对孩子生活照顾能力不足

由于缺乏对智力残疾的正确认识，服务对象未能对3个儿子合适地护理照顾，父亲LYW出于对孩子的保护，经常紧闭门窗，不让孩子外出。可是随着孩子的年龄增长，3个孩子经常趁父亲LYW不注意偷偷外出，而这一行为，增加了孩子在外流浪的风险，其一家居住在马路边且临近海边，特别是夜晚，若稍不注意车辆，有危及生命的可能，服务对象3个儿子曾多次溺水遇险，所幸被当地村民救起。由于服务对象 LYW 腿脚不便且需要照顾孩子，需要他人协助寻找外出的孩子。因此，服务对象的 3 个智力残疾的儿子需要得到适当的生活照顾。

（二）服务对象 LYW 承受的照顾压力

早年妻子因智力残疾需要照顾，妻子因难产去世之后，服务对象 LYW 独自一人照顾 5 个子女，承担了所有的家庭事务，十分辛苦，再加上当地人们对其 3 个智力障碍的儿子多有议论，父亲倍感生活压力巨大。

（三）服务对象儿子的康复治疗未能得到保障

由于服务对象家庭困难及自身年事较高，没有重视儿子的康复治疗，错过了最佳的康复治疗周期。3 个儿子智力残疾但没有及时进行康复治疗，任其病情发展，现在 3 个孩子基本的生活自理能力也没有得到培养。

（四）服务对象儿子的生活自理能力差

由于智力残疾，再加上后天没有得到有效的训练，3 个孩子均缺乏必要的生活技能，导致全部依赖父亲 LYW 的照顾与支持，随着父亲 LYW 年龄的增长，其对孩子的自我照顾能力十分担忧。社会工作者在跟进的过程中，需着重通过生活技能的培训，提升服务对象 3 个儿子的自理能力。

（五）服务对象经济压力大

服务对象有一儿一女正在市区读书，每月均需要 1500 元，再加上其他的生活开销，现有的低保补贴及残疾人“两项补贴”未能有效满足该家庭的需要，因此需要在物资救助上面提供必要的支持。

三、服务计划

（一）服务理论模式

心理与社会治疗模式认为，个案工作的目的是改进在特定情境中人们之间的关系——人在情境中，社会工作者要考虑内在心理过程和外在社会因素以及它们之间的彼此影响。该案例中服务对象问题的成因有两个：一是随着服务对象年事已高，3 个重度智力残疾的儿子得不到合适的照顾，给父亲带来照顾压力。二是来自遗传或发展的问题，因不可控因素，导致服务对象一家不断陷入困境中。

身心灵全人类健康辅导模式认为，身心灵全人类健康模式干预原则是采用多种模式的综合方法和能力取向的干预措施。这个模式特别关注服务对象的精神健康，以及协助服务对象获得面对问题、面对困难的勇气，帮助他们学会从逆境中寻找突破方向。在该案例中，社会工作者始终将回应服务对象的身体、心理和精神健康需求的活动贯穿于整个服务过程。

（二）服务目标

（1）在服务对象心理层面，缓解服务对象的照顾压力，协助其有效照顾子女。

（2）在服务对象3个智力残疾儿子的生理康复层面，鼓励并协助其子进行必要的康复治疗。

（3）在服务对象社会层面，协助服务对象一家构建社会支持网络，不断恢复与增强其家庭功能。

（4）在社会政策救助层面，为缓解该家庭生活困难，帮助服务对象从低保的基础上调整到特困人员。

（三）服务策略

结合心理和社会治疗模式的治疗过程、身心灵全人类健康辅导模式和案主的实际情况，服务策略主要分为四步：第一步，建立关系，与社区、服务对象、邻里、社区志愿者以及社区组织建立良好的关系。第二步，研究当前困难，诊断问题和评估服务对象解决问题的潜能。第三步，协助服务对象学会排解压力，掌握合适的照顾技巧。第四步，社会工作者联动社区、社会组织、社会资源和社会志愿者帮助服务对象解决其3个智力残疾儿子的照顾问题。

四、服务实施过程

根据上文的服务策略和服务对象呈现的特点，将介入过程分为4个阶段。

1. 第一阶段，建立关系期（6—7月）：了解服务对象情况，建立信任关系

该阶段社会工作者以尊重、接纳、平等的态度与服务对象进行接触，

一开始，服务对象一家表现得很沉默。社会工作者则主动向服务对象进行自我介绍，从服务对象一家关注的问题开始，同时不断地增加探访次数，慢慢地，服务对象对社会工作者产生了信任，一家6口对社工的到来特别开心。大儿子LHN十分拘谨，每当社会工作者到其家中进行走访时，其总是把头低下来，显得十分害羞。三儿子LHX认知能力较差，经常发呆流口水，吃喝拉撒需要协助。四儿子LH相对另外两个哥哥，情况比较好，能够在社会工作者的引导下完成相应的指令。社会工作者在走访入户过程中，一方面积极与村委进行沟通及交流；另一方面积极与服务对象的邻里建立关系，多渠道搜集服务对象的资料。

2. 第二阶段，转折期（8—10月）：社会工作者多次寻找并护送服务对象回家

因服务对象家临近主要交通要道，受照明条件以及复杂环境不确定因素的影响，潜在危险因素多，而除白天偷偷外出之外，大儿子LHN时常半夜趁全家睡着的时候翻墙外出，户主LYW深感无奈。社会工作者多次接到LYW及当地居民的求助电话，社会工作者也经常在沟渠中、车水马龙的马路边、废墟里发现并护送LHN回家，这样的情况不少于15次，每次社会工作者均叮嘱服务对象LYW锁好门窗以防止孩子走丢，但其孩子仍通过各种方式翻墙外出。社会工作者每次在其家走访时，均需锁好门。有一次上午10时30分，社工在其家刚结束走访时，其四儿子LH趁开门之际跑出去，其父亲也阻拦不了，社会工作者一路尾随寻找，不见踪影，直到下午5时仍不回家，社会工作者只能挨家挨户地寻找。而更多时候，社会工作者通过发动邻里以及社区志愿者帮忙寻找外出的孩子，热心的居民及志愿者手持手电筒、骑着电动车在大街小巷进行寻找，以防止外出的孩子因走丢而遭遇不测。服务对象LYW对大家的帮助深表感激，但也充满了无奈。

在本阶段，服务对象LYW对社会工作者的工作给予了高度的肯定，也在一定程度上舒缓了其生活压力，同时社会工作者给予LYW情感支持，引导其看到自身的潜能以及相信全家面对困难的潜能。

3. 第三阶段，效果巩固期（11月至次年1月）：多方联动，缓解服务对象的照顾和治疗压力

一方面，为了妥善解决服务对象LYW无法监护其3个智力残疾的儿子

的问题，避免出现突破人性底线的丑恶事件发生，社会工作者多次向社区、街道反馈该家庭的情况，同时在街道的支持下，社会工作者与区民政局进行沟通并得到区民政局的大力支持，在多方的关注下，街道办书记亲自到服务对象家里进行慰问，了解及关心服务对象一家的情况。随后，社会工作者经过多方联动，最终将大儿子 LHW 送往当地医院进行免费治疗与免费照顾。同时，社会工作者定期组织社区、社区组织、社区志愿者等到服务对象家进行家访，随着多方资源的加入，构建了服务对象一家的社会支持网络，也逐步恢复与增强了服务对象的家庭功能。为了进一步缓解服务对象 LYW 的照顾压力，社会工作者也积极协助服务对象三儿子 LHX 入住医疗救助机构，同时组织社区卫生中心对服务对象 LYW 进行定期的上门义诊，定期监测其健康状况。

另一方面，为了缓解服务对象的家庭经济困难，社会工作者从社会救助政策方面优化该家庭的救助措施。由于服务对象无劳动能力，符合特困人员的申请条件，因此社会工作者协助服务对象一家申请转为特困人员。

4. 第四阶段，评估与结案期（2 月）

在此阶段，社会工作者肯定服务对象的努力，做好结案准备，处理离别情绪。社会工作者带领服务对象回顾其家庭的变化，肯定其所取得的成绩，对于服务对象当前的家庭情况，社会工作者提醒服务对象要正面对待，也建议其注意身体并培养好 5 个子女，相信每个子女都将有真正的改变，同时社工也建议服务对象多走出家门，与邻里、社区志愿者等一起参加集体活动，培养兴趣，多与人交流，从而发现生活中的美好。

为了增强 LHX 及 LH 的自理能力，社会工作者联合志愿者不定期到服务对象家中，通过认知图片、播放自理视频并示范刷牙、洗脸等动作，不断提升其照顾自己的能力。考虑到服务对象的女儿及二儿子外出读书，社会工作者利用节假日进行青春期护理知识宣传及自理能力训练。

社工站根据个案的实施情况进行反思与总结，经过与街道、服务对象、督导等协商，在服务对象照顾方面，大儿子 LHN 已经免费得到医院的救治和照顾；在服务对象 LYW 心理层面，通过专业关系的建立，缓解了其情绪和照顾压力。决定结案后，为缓解服务对象的离别情绪，社会工作者将逐步减少探访次数但仍密切关注服务对象的后续发展。

五、总结评估

（一）目标达成情况

在政策救助层面，在街道领导及村委会干部的支持下，社会工作者为服务对象办理低保转特困救助，缓解其家庭经济压力，在政策范围内提升了他们的保障力度；在康复治疗层面，在街道领导的协调下，服务对象的大儿子被送往湛江市爱康医院进行康复治疗，保障服务对象儿子的康复需求；在心理层面，社会工作者定期入户探访，与服务对象谈心，缓解其在子女照顾方面的焦虑。

（二）服务对象的评估

服务对象对社会工作者的整体评价非常满意，认为社会工作者能够协助其家庭解决当前的困难，家庭的总体情况也有了非常大的改善，大儿子在街道领导的协调下已经住院康复治疗，社工也在跟进低保转特困事宜，保证了服务对象的生活保障。

（三）社会工作者的评估

服务对象信任社会工作者，在个案开展过程中积极参与每次的面谈，服务对象对社会工作者的工作表示非常满意，对社会工作者及街道工作人员都笑脸相迎，非常感激社会工作者及街道领导的帮助。在照顾孩子方面也有了较为明显的改变，会安顿好孩子才外出。

六、专业反思

（一）特殊服务对象的服务难度大，要有针对性服务

针对智力障碍者的服务难度非常大，一方面服务对象难以理解；另一方面社会工作者缺乏系统的培训及服务经验，导致社会工作者提供的服务很难得到服务对象的认可，很容易发生价值理念和专业操守不符的情况，因此无条件接纳优于服务，接纳有助于专业关系的建立、能力的发掘和问题的解决。

（二）重视系统与环境因素

面对智力障碍者时，社会工作服务不应只局限于服务对象自身，而应

置身于所处的系统和环境，帮助改变其环境或系统。很多时候，面对服务对象的问题，社会工作者只会在他们身上找原因而忽略了他们周围的环境与人。而有时恰恰是环境和系统因素影响了服务对象的发展，因此，在面对个案时，我们应以更宏观的视角，探寻改变的可能。

（三）倡导和促进公益服务资源的均衡化与可及性

随着社会工作服务的深入，社会工作者会发现社会资源断层的现象，底层民众很难接触到各种服务资源，因此希望通过社会工作者的服务，不断倡导和促进我国公益服务配套资源的均衡化，让更多的服务对象能利用各种服务资源来摆脱环境的束缚，去尝试更多的可能。

（四）亟须重视农村精神健康服务

农村社区精神健康服务亟须重视，精神和智力残疾人是弱势群体中的弱势，他们在居家照顾、个人发展、社会接纳等方面都面临着巨大的危机。如何让他们有尊严、有价值地生活，需要社会工作者及广大社会群体共同营造一个友好的生活环境，让他们融入社会生活，而不是一直生活在康复机构或医院。

点评

该案例中的服务对象一家多残，面临的照顾压力和经济压力较大，服务过程中社会工作者经过多次入户面谈了解其基本情况与需求，并从多个层面制订了服务计划，开展了多方位的服务，并在服务过程中联动社区、社会组织、社区志愿者，共同挖掘社区资源为服务对象开展服务回应其需求。该个案服务取得了良好的效果，也反映了社会工作者的专业性和实践能力与工作的细致、耐心，给底层特困民众家庭注入了希望，也对精神障碍群体的服务有所反思。

该案例的不足之处是实务工作者对服务的理论模式缺乏深入理解，在具体服务过程中缺乏理论指导，且案例撰写中较少回应标题的五社联动，可在后续服务和研究中进行进一步的提升。

下篇

社会救助：社会工作者在洒爱

篇首语

“爱”是一种积极的情感状态，存在于与人、与事、与物的关系之中，其界定也取决于关系中的双方。“爱”的这种关系性要求社会工作者确保于服务对象是在“帮忙”而不是“帮倒忙”，洒的是“爱”而不是“害”。湛江社工人一直在努力地播洒着爱的种子。

播洒爱，就需要倾听爱。社会工作者为服务对象提供的服务由双方共同协商确定。本篇案例七中社会工作者为服务对象安装如厕扶手，在社会工作者看来这是好事，能预防老年人如厕时发生摔倒等危险。若服务对象不需要，或认为安装会破坏墙体，或认为卫生间多了一个东西会碍事等，那么“安装如厕扶手”可能就是帮倒忙。本篇案例六采用“任务中心模式”则能有效解决这个问题，专业的社工服务要求“问题”来源于服务对象且必须是服务对象愿意且有潜能解决的问题，这就确保了“问题”是真问题，是贴近服务对象需要的问题。

播洒爱，就需要社工人具有洒爱的技巧和能力。本篇搜集的几个案例，从住房、健康、经济、心理4个方面分析了服务对象面临的问题，评估了服务对象的需求，为服务对象处理危机事件、促进服务对象正常就医以及给予临终关怀，让服务对象意识到“至少还有你”。本篇案例四先分析了服务对象在生理、心理和社会方面的问题和需求，后协助服务对象处理危机事件、增强家庭支持力度和丰富社区支持网络、进行生命故事访谈回顾人生历程以寻找和提升自我价值，让“夕阳不寂寞”，等等。所有的案例，都体现了社工人的“专业”之所在，体现了社工工作的专业性。

“爱”的关系要求社会工作者对服务对象常怀感恩之心。社会工作中常提到“助人自助”，有人说这种说法有些功利，也有人说这是社会工作者无奈的自我安慰……让我们来为它正名。社会工作者与服务对象以互相依赖的方式共存着，没有服务对象就没有社会工作者的存在，是服务对象的存在成就了社会工作者。从这个角度讲，社会工作者的“助人”实则为“人助”。

案例一：用合力托起社会未来

——生态系统理论视角下困境儿童社工介入保护案例

湛江市徐闻县迈陈镇社会工作与志愿服务协会　陈秋梨

一、背景介绍

（一）基本情况

2020年10月社会工作者通过转介，接触到了该家庭的困境儿童。父亲54岁，肢体三级残疾；母亲37岁，智力二级残疾；家里还有4个孩子，老大LCM读初中七年级，平时住校；老二LCL在读六年级；老三LJJ在读四年级；老四LYX在读二年级，姐妹都在本村的小学就读。

由于对农村精神健康方面的知识认识不足，村民对她们家庭存在一定的偏见和歧视，平时有意疏远她们，因此她们家在村里的社会支持体系欠缺。

（二）健康情况

在这个困难家庭里，父亲是三级肢体残疾，能生活自理并照顾家庭，但平时需要借助拐杖行走；母亲是智力残疾二级的精神病患者，平时不需要服药，能做简单的家务，简单沟通（比如吃饭没、去哪里等）；某电台申请省台心理咨询师到学校评估，老大LCM和老三LJJ先天智力发育不足，智力发育跟不上同龄孩子，说话含糊不清；老二LCL和老四LYX无论精神上还是健康上都是平常人，不过性格上比较内向、胆小。

（三）经济情况

正式支持：服务对象的家庭无劳动能力，孩子较多。经济来源主要为政府救助（低保、残疾补贴、顺德扶贫队资助）、学校的助学金和母亲捡瓶子的收入。2016年在政府精准扶贫的茅草屋改造项目补贴和兄弟姐妹、岳父岳母等多方资助下才建成一座三室一厅的平楼。

非正式支持：父亲的兄弟姐妹较多，他们和母亲的娘家日常会对这个家庭进行物资和经济的帮助，比如小孩的学费等；学校的老师也会捐赠一些衣物和鞋子给她们。

母亲的特殊情况，造成该家庭儿童某种程度亲职教育的缺失，家庭以父亲照顾为主。该家庭很难在经济和教育上给予儿童良好的条件和环境，儿童生存和发展遭遇障碍。这些使服务对象与正常家庭的儿童有差距。社会工作者需要挖掘该困境儿童家庭成长面临的深层次问题，了解到她们的实质需求，运用专业社会工作方法，通过个案工作介入儿童成长问题，为服务对象增能，提高她们自我照顾能力；通过儿童保护主题的小组活动（校园零欺凌、防拐、防家暴、防性侵），帮助她们提升自我保护意识并增强自我保护能力，起到预防性的作用，同时让她们在获得知识和帮助的过程中，更好适应社会。运用生态系统理论视角去分析她们的社会支持系统，开发和利用她们的潜能，整合资源，通过多方联动，促使服务对象家庭更好融入社会，为儿童提供良好的成长环境。

二、问题分析

在多次的走访中，社会工作者通过观察发现服务对象存在以下问题：

（一）个人层面

1. 遗传因素导致的智力问题

母亲是智力残疾二级的精神病患者，老大和老三遗传了母亲的疾病，大脑有一些先天性发育不足。老大 LCM 说话含糊不清，学业跟不上。虽然七年级了，但是很多简单的字都还不认识，给她解释题目也会走神，但是能进行基本沟通交流，有较强的自我照顾能力，也能帮助父亲分担家务。

老三 LJJ 对交流中别人表达的意思很难理解，听不懂普通话；有很多简单的知识不懂，存在学习困难的问题，缺乏安全意识。据学校校长反馈，她对校长、老师会比较热情，可能是能从师长身上获得某些缺失的关爱。

2. 家庭沟通方式导致的性格问题

由于父亲日常对孩子们比较严格，多用批评的话语教育孩子，所以孩子们对父亲还是比较尊敬又害怕的，导致3个较大的孩子平时不怎么敢跟父亲交流。

在这种沟通方式下，老二LCL的性格较为内向，在家不怎么敢跟父亲交流，也很少与他人交流。平时父亲经常责骂她沉迷手机，因此她比较害怕父亲。平时与四妹相处较好，多是通过四妹与父亲沟通，在家中她却是父亲的得力小助手，平时大姐外出上学，家中的很多家务都是她来做。

老四LYX年龄最小，也最乖巧，成绩是四姐妹中最好的一个，所以平时父亲很疼她，因此她常常是姐姐和爸爸之间沟通的桥梁。在学校跟同学玩得也比较好，会主动招呼同学一起玩，不过面对陌生人就会有点胆小，不怎么敢说话。

（二）家庭层面

1. 监护人照顾不足

母亲由于有精神障碍，无法正常表达对孩子的关爱。母亲对孩子的照顾只是平常帮孩子洗洗衣服，平时自己一个人在外面捡瓶子，一天只吃一餐。出于母爱的本能，她其实很关心4个孩子，天冷时担心孩子受冻，虽然会到处为孩子捡衣服，也会到村委会去拿一些别人捐赠的衣服回来，但是她并不懂得孩子穿多大尺寸的衣服，所以往往拿回来的衣服都是偏小的，孩子穿不了；还会逢人就问是不是可以给她的孩子衣服，比如在一次社会工作者走访中，当时天气很冷，她习惯性多次重复询问社会工作者，是否可以把身上的外套给她的孩子。

青春期生理卫生知识匮乏。社会工作者询问青春期的老大LCM和老二LCL是否已经出现了生理期情况，平时怎样对待生理期，是否注意生理期卫生，使用干净的卫生巾？她们怯怯懦懦地说有来月经，但是不好意思和父亲说，妈妈房间有时候有几片她们就偷着用一下。

家庭日常事务以父亲照顾为主，但是父亲作为男性在生活照顾上难免比较粗心。偶尔父亲没空做饭，就会安排老大、老二做饭，平时买菜做饭只能满足孩子们基本的温饱，忽视了营养搭配，同时平时孩子们没有吃早餐的习惯。因此四姐妹都是偏瘦体型，饮食习惯不好，老三LJJ平时喜欢吃一些不健康的零食，导致有一些蛀牙。父亲平时会忽视孩子的保暖问题，天冷时四姐妹穿的衣服比较单薄，大部分还是夏天的衣服，在家不穿袜子和保暖的鞋子，甚至还有的孩子冷天在房间光着脚丫走路。

2. 家庭生活环境较脏乱

平时父亲会安排孩子们打扫院子和房间卫生，虽然院子和地板相对干净，但不擅长衣物整理分类。平时房间不注意通风，会有异味；衣服没有地方挂放，收回来的衣服全部堆放在客厅的椅子上，看起来杂乱，平时找衣服也困难；厨房平时较少打扫，油渍较多，饭后餐桌无人清理；院子一角堆放着母亲平时捡的瓶子，显得较乱。

（三）学校层面

朋辈支持力比较弱。四姐妹因父母残疾而在学校遭受调皮孩子的语言暴力、同学之间人际关系冷暴力。老二 LCL 因为遭受这些暴力，导致性格上比较自卑、内向、朋友很少。

学校政策支持和日常生活学习的困难帮扶。学校比较关注她们家庭，给予每人每年 1500 元的助学金，校长也比较了解几个孩子的性格，表示几姐妹在校都比较听话，相对其他人对老三 LJJ 都是负面评价，他认为其实老三 LJJ 性格天真烂漫，每次都会很热情地跟她打招呼，很懂礼貌。老师会给予生活上的照顾，天冷了会给老三带自己家孩子不穿了的保暖鞋子、衣服，平时也会给她们捐赠书包等生活用品。针对学校环境中的阻碍因素，社会工作者通过进校园的儿童保护活动，加强服务对象与其他同学之间的双向互动和交流，改善儿童的学习环境，为她们建立起强有力的朋辈支持。

社会工作者通过多方走访发现，服务对象家庭的正式支持网络和非正式支持网络是比较多的，但是这些支持网络给到该家庭更多的是经济上的援助或者物资上的帮助，对于她们家庭所需要的比如提升儿童自我照顾能力、改善亲子关系、满足儿童安全保护需求等方面没法涉及，缺乏将这些资源整合起来的桥梁。社会工作者在其中的作用更多的是作为资源整合者，为她们提供服务，激发家庭成员的潜力，达到助人自助的目的。

三、需求分析

根据儿童成长过程，这个阶段她们的生理和心理发育还不成熟，对自我认知不全面，缺乏对自我需求的分析评估知识，这就需要社会工作者运用专业服务方法帮助她们进行需求分析，进而针对这些需求找出问题的根源所在并提出服务策略。社会工作者采用马斯洛需求层次的方法对该家庭儿童成长的需求进行分析，可分为以下五个方面：

（一）生存需要

生存需要即基本生活照料，包括家庭对四姐妹的养育照料和医疗健康照料。该家庭的父母照顾能力不足，孩子的身体健康得不到保障，需要育儿营养均衡搭配、健康饮食、注重个人身体卫生等方面的引导，促进儿童健康成长。不严重的小感冒和咳嗽一般都是任其自愈，老四 LYX 曾因为吃糖果噎到，住院几天，家里需要备有常用医药箱，家庭成员需要学习一些应急急救技能，要提高监护人的照顾能力；也需要对四姐妹增能赋权，提高其自我照顾能力。

（二）安全需要

她们所生活的地方是偏远的村庄，父母对于孩子的保护意识较低，没有对她们进行过专门的防拐等儿童自我保护知识教育，放学了孩子也是独自走回家，没有家长接送，孩子容易被不安分的人盯上，存在被拐、被性侵等风险，孩子的安全得不到保障。老二 LCL 曾经遭受校园欺凌，因为家庭原因受到调皮孩子的语言攻击和人际关系上的孤立，但是不敢告诉家长和老师，需要对她们进行预防性儿童保护教育、校园零欺凌、防家庭暴力、防拐等培训，提高儿童自我保护能力，增强她们的抗逆力。

（三）归属和爱的需要

四姐妹没有良好的家庭生活环境，家庭经济贫困、学业上缺乏辅导，老大 LCM 和老三 LJJ 学习成绩非常差，四姐妹都存在日常情感上缺乏回应的问题。父亲平时在家，但与孩子沟通较少，有一些固定的传统思维，认为好的孩子是不用教的，自己的孩子注定就是这样的了，不善于引导和赞美，平时做错事了一味地责骂她们。父亲需要一些亲职教育的指导，通过优势视角正确引导父亲的教育观念和提高沟通技巧，提高父亲对四姐妹的陪伴质量，以及学会回应孩子的情感需求，让孩子感受到来自家庭的爱，从而让她们获得良好的家庭生活。

（四）尊重需要

（1）在社会工作者介入前，四姐妹每天换洗的衣服基本留给母亲洗，家里的衣服都是堆积在客厅和角落，没有整理，也不会炒菜等，需要增能四姐妹的基本生活技能。

（2）她们个人卫生差，不吃早餐，不爱学习，需要帮助她们培养良好的生活习惯。

（3）老三 LJJ 曾经出现过在小卖部偷零食的行为，她们四姐妹在礼貌待人方面意识也比较差，需要培养儿童的道德品质和礼貌待人的习惯。

（4）随着年龄的增长，四姐妹不断扮演适当的家庭角色、学校角色和社会角色。在家里老大 LCM 行为上表现出“易燃易爆”的坏脾气，一言不合就上手殴打妹妹，没有意识到作为姐姐应使用适当的方法教育妹妹，需要引导老大温和地对待妹妹。要培养四姐妹形成良好习惯，帮助她们获得自信。在学校，她们因为家庭原因比较自卑，不善于与同学交流，朋友很少，家庭的社会融合度很低，村里人不愿意亲近她们家庭，社会参与度比较低。需要提高她们的自我认知和帮助她们正确认识自己的各种角色，加强自信心，使自己更有能力去获取别人的尊重。

（五）自我实现需要

虽然四姐妹身上目前存在一些不良的习惯，但是每个人都有内在的潜能，社会工作者在服务中需要激发她们的潜能，帮助她们去提高自己的能力，满足自我实现的需要。

四、服务理论模式

社会工作者挖掘该家庭的困境儿童成长面临的深层次问题，了解她们的实质需求。社会生态系统理论包括微观系统、中间系统和宏观系统三大系统。人与社会环境中的各个系统都存在关联，强调人在情境中，人与环境是一个相互交流的系统。理论认为社会工作者要把服务对象放在环境系统中加以观察，有效推动服务对象与其家长和同学之间的双向互动和交流，改善儿童家庭环境和学校环境。社会工作者运用增能理论，开发和利用她们的潜能，通过情绪疏导、鼓励、同理心等专业的社会工作方法，帮助该家庭儿童提高自我保护意识和增强自我保护能力，解决困难，促使儿童社会化，达到助人自助的目的。

五、服务目标

（1）个人层面：为服务对象提供居家训练，提升服务对象自我照顾能力。

（2）家庭层面：改善家庭成员之间沟通与情感交流方式。

（3）环境层面：促进服务对象与朋辈之间的交流，在学校建立良好的朋辈支持关系。

六、介入策略

（一）微观层面

（1）生活上：社会工作者引导她们掌握安全用电知识，提供居家训练，如叠衣服、收拾房间、物品归类等，提高她们的自我照顾能力和家务能力。

（2）学习上：社会工作者与四姐妹共同制订成长计划，设置打卡任务，分为四大板块（早餐习惯、个人卫生、家务能力和学习习惯），帮助她们养成好习惯。

（二）中观层面

强化她们家庭姐妹之间、与父母之间的情感交流，提供亲职教育，改善父亲与孩子的沟通方式，加强对儿童的情感支持，提升父母的亲职照顾能力。

（三）宏观层面

把服务对象放在环境系统中加以观察，通过活动帮助同学对服务对象一家去标签化和污名化，协助服务对象更好地融入班集体生活。改善周边环境，为服务对象建立良好的朋辈关系，促进四姐妹社会化，增强家庭的社会融合感。

为服务对象姐妹链接资源，强化邻里互助，多方联动，倡导社会关怀，将资源整合，增强她们家庭的社会支持网络。

七、服务程序与进度安排

（一）第一阶段：建立信任关系

2020 年 10 至 11 月，社会工作者通过走访，和服务对象家庭建立信任关系。通过多方走访，向村委会和邻里等了解儿童和她们家庭的基本情况。以服务对象感兴趣的事物为切入点，拉近距离（如 LJJ 感兴趣的是拼图，就让四姐妹一起拼，增加姐妹间的互动；LCL 喜欢种花，社会工作者与四姐妹一起动手围栏种花）。

前期接触中，社会工作者初步以课业辅导入手，观察她们的生活和学习，老三 LJJ 安全意识比较差，赤脚在厕所和房间穿梭，手没擦干就用电。社会工作者现场指导她如何安全用电，正确使用煮水壶等电器的方法。

社会工作者与四姐妹一起种花，引导她们一起分工：搬砖建花圃、建围栏，撒种，浇水。在共同种花的过程中，她们从一开始的拘谨、不知所措，慢慢地进入状态。特别是老二 LCL，不怎么讲话，在我们考虑怎样围住花圃不让家里的鸡啄花苗时，她默默地去房间找出剪刀，剪了旁边的旧渔网。看起来漫不经心、不苟言笑，其实是她为自己披上的保护色；实际上，她心思细腻，善于察言观色，会关注周围人的一言一行，默默奉献自己力量。在花苗长成的那一个月里，她们每天呵护着她们的劳动成果，给种子浇水、赶鸡，终于发芽长出小苗。天有不测风云，某天她们回家迫不及待地去看花苗是否开花了，结果看到的是鸡破坏了围栏，破坏了花苗。虽然种花失败了，但是通过这一次活动，她们认识到社会工作者很乐意陪伴她们一起玩，与社会工作者也渐渐熟悉起来。

（二）第二阶段：能力建设

1. 个人层面

2020 年 12 月：花苗被破坏后，四姐妹的情绪比较低落，社会工作者对她们进行情绪疏导，表示伤心过后我们还是要寻找方法，这样下一次再种才能提高成功的概率。后来与她们一起上网查找种花成功的经验帖，学习借鉴别人的经验，舒缓她们的低落情绪。刚好那时候开展儿童保护系列活动，就邀请她们到社区参加，借此机会转移她们的注意力，也让她们有更多机会接触同龄小朋友，帮助她们更好地融入同龄人中。

2021 年 1 月：

（1）社会工作者提供辅导：社会工作者了解到老大 LCM 和老二 LCL 的生理情况，以及是否有被欺凌现象，教导她们相关生理知识，以及生理期时应该怎么做，帮助她们了解如何正确对待度过生理期，并为她们准备方便携带的卫生包，告诉她们当遇到男性提出触摸身体部位等不合理要求时如何自卫，且应及时告诉老师、家长或者社会工作者等自己可以信任的人，也邀请她们参加儿童保护活动的“防性侵”主题，让她们接受系统化的培训。

对于老三 LJJ 和老四 LYX，社会工作者则运用重复教导和卡片记忆法帮助她们学习拼音等知识，对她们在学习上遇到的困惑提供及时的辅导，并进行情绪疏导，鼓励服务对象认真学习，并让她们的父亲参与进来，平时和孩子一起进行绘本阅读，做得好时适当给予鼓励。

（2）社会工作者示范并带领服务对象干家务活，为服务对象增能：家里的环境比较脏乱，衣服和杂物到处堆积，社会工作者对四姐妹进行指导，示范如何折叠衣服、收拾房间等，使家里简单而温馨，让她们能够在舒适的环境里成长。同时学习物品分类，各自整理自己的日常用品，引导她们将换季的衣服洗干净整理好，并放进收纳箱中，减少家里的衣服堆积，把不需要的物品清理出来，没有用的要扔掉。当任务完成得积极认真时，及时给予表扬并鼓励她们养成良好的收拾家务习惯，提高她们的自我照顾能力和家务能力。

（3）社会工作者提供支持性的儿童服务：社会工作者要把服务对象放在环境系统中加以观察，在活动中强化她们的平等参与权，鼓励她们多接触其他同龄孩子，有效推动她们的双向互动和交流。邀请她们参加预防性儿童保护小组活动（校园零欺凌、防家暴、防性侵、防拐），预防儿童受侵害，在活动中锻炼儿童的表达能力和沟通能力，增强她们的抗逆力。

第一场“校园零欺凌”活动，社会工作者特地安排时间让服务对象和其他学员认识，现场部分学员表现出对她们很热情，主动与她们聊天，分享零食，她们在这个时候表现得还是比较拘谨，对小朋友的热情未给予回应。这一次的活动为了能让老三 LJJ 听懂并参与进来，使用普通话和本地话混合交流，讲的过程中关注她们的表现，偶尔提问和观察她们是否能接受。社会工作者通过引导，她们能给予一定程度的回应。老大 LCM 和老三 LJJ 对于知识的接受还是比较有限；老二 LCL 和老四 LYX 的表现会比较好，能很好地回答社会工作者的提问，老四 LYX 在游戏环节还获得了一等奖。最后在问卷调查环节，老二 LCL 通过问卷告诉社会工作者，自己曾经遭受过校园欺凌。后续社会工作者跟进了解，其就读五年级时，因为家庭原因受到了语言攻击和人际关系上的孤立，但是不敢告诉家长和老师，现在经过培训知道怎么应对了。

第二场“防性侵”活动，社会工作者发现在讲解过程中，老三 LJJ 看起来认真听讲，但实际上听不懂，有点神游的状态。发现问题后，社会工作者让志愿者小汝去到她身边，用本地话给她翻译，吸收的效果也不好。在提问环节用本地话去问老三 LJJ，如果有陌生的叔叔给你 5 元钱让你跟他走，或者摸一下，可以吗？她的回答是可以；继续问，10 元钱呢？她也是会回答可以，一系列的简单问题，她的回答都是错的。在她回答之后，社会工作者会对问题进行重述解释，并引导她说出正确答案。对于提问，其他三姐妹能答对，虽然老大 LCM 回答得比较含糊，但是也能答对，表达能力和学习能力还不错。从第一次参加活动时的胆怯到现在，她们能对所学内容做出简单的总结反馈，老三 LJJ 则需要更多的引导才能给出回应。即使还没有做到主动勇敢地回答问题，但是也很明显看到，她们在其他儿童面前越来越自如地展现自己，不再拘束。

第三场“防家暴”和第四场“防拐”活动，提高了孩子们自我保护意识和自我保护能力。在互动的环节，社会工作者注重引导和鼓励服务对象赞美身边的小伙伴和回答问题，也让服务对象在活动中看到其他小朋友主动表现自己和看到每个人的优点，学会与人交往，知道沟通交流其实一点也不难。

结束前，社会工作者询问服务对象是否愿意加入我们的“同伴支持”小组，帮助有需要的儿童，她们都很乐意奉献自己的一份力量去助人。服务对象在获得知识和帮助的互动中交友，从而建立起良好的朋辈关系，她们的自我保护意识和能力获得提高，这也是儿童社会化的过程。

2021 年 2 月：社会工作者与服务对象共同制订成长计划，设置打卡任务，促进四姐妹在吃早餐、个人卫生、家务能力、学习习惯四方面养成良好的习惯，按时完成就能获得奖励；父亲作为监督者，四姐妹各自分工合作。比如：①吃早餐。寒假期间，两个姐姐轮流早起炒菜做饭，两个妹妹负责洗碗、擦桌子，每天8点前吃早餐；上学时来不及自己煮，父亲将给每人早餐费，每个人都一定要吃早餐。②家务能力。老大LCM和老二LCL平时负责煮饭炒菜和拖地，老三LJJ和老四LYX就负责洗碗、擦桌子和扫地。每天衣服收回来各自折叠自己的衣服并收纳进自己的箱子中，轮流为爸爸妈妈整理衣服。③个人卫生。每天各自归置自己的个人用品，洗澡完各自负责洗自己的衣服。④学习习惯。每天放学按时完成自己的练习作业并养成礼貌待人的习惯，当其他姐妹帮助了自己时要说谢谢，吃饭时要喊人。老四LYX知识量比老三LJJ多，社会工作者就帮助培养老四LYX带动老三LJJ学习拼音的习惯；老二LCL又可以指导老四LYX的学习，强化她们姐妹之间的互助，相互学习，共同进步，促进家庭成员之间的情感联结。

第一个月的打卡任务，她们都比较积极地完成，社会工作者不能每天都陪伴她们，需建立一定的奖罚机制让她们形成持续性的良好习惯，也为她们从受助者到可以自助奠定了基础。

开学后：改善服务对象周边环境。社会工作者为服务对象链接了一场防拐主题活动，在进她们所在学校前，鼓励服务对象在活动中积极参与，多多举手发言，游戏环节不用太拘束，享受跟同学一起玩耍的时光，她们听取了社会工作者的建议，在活动中都积极举手回答问题。据观察，老二LCL在这个过程中和同学开始交流了，有的时候还会露出开心的笑容。最后，社会工作者把防拐的内容通过宣传单发送到每一位同学手里并带回家，引起家长注意和重视儿童安全问题。这一次的活动达到了为服务对象建立朋辈支持这一目的，同时也联动了学校老师平时多关心服务对象姐妹在学校的表现，倡导同学们多跟服务对象姐妹一起玩，不搞孤立，促进她们的校园融合。老师也反馈这一段时间老二LCL的变化很大，开朗了很多。

2. 服务对象父亲层面

2021年3月：提供亲职教育，增强监护人的照顾能力（如营养搭配、教育方法等），社会工作者与服务对象父亲进行单独访谈，引导其看到自己教育的不足之处，帮他分析孩子目前的成长需求和问题，提醒他重视孩子的安全教育；提醒他平时也要注意持续性鼓励和赞美她们，从而提升孩子的自信心，与孩子建立良好的沟通关系。社会工作者运用同理心的专业工作方法，对他的不易表示理解，对他进行情绪疏导，肯定他对孩子教育的辛苦付出，在我们服务的过程中，也会让父亲参与进来，加强与孩子的互动和情感交流，建议父亲平时可以采用和孩子一起读绘本的方式，陪伴孩子成长，多倾听孩子的想法并适当鼓励认可她们。

3. 资源链接

社会工作者将资源整合，联动妇联、学校老师以及邻居亲戚，进行多方协作，为服务对象家庭链接资源、募捐衣物，强化邻里互助，倡导社会关怀，增强她们家庭的社会支持网络，促进服务对象一家的社会融合。

（1）募捐衣物，增强社会关注度。社会工作者在为服务对象提供家居训练——整理衣物时，发现别人捐赠的衣物随着她们年龄的增长，已经不合身了，刚好是冬天，她们还穿着单薄的衣服，也没有穿袜子。社会工作者统计了她们的身高和码数后，募捐冬衣给她们，同时很快收到一批社会爱心人士捐赠的衣物，解决了她们的保暖问题。

（2）引起政府和学校对服务对象家庭的重视。社会工作者为服务对象姐妹链接到妇联资源，对服务对象开展“爱国主义”主题教育，让服务对象获得更多政府和社会的关注。2021 年 5 月，链接妇联物资到服务对象就读的学校，开展儿童保护“防拐”活动，帮助服务对象通过活动与同学接触交流、互动，消除同学对服务对象一家的偏见和孤立，协助服务对象更好地融入班集体生活，建立良好的朋辈关系，改善周边环境，也能让老师和学校提高对她们家庭的重视度与关注度。

（3）强化邻里互助。在走访时偶尔遇到服务对象邻居伯母，社会工作者向她询问服务对象家庭以及她们姐妹的情况，开始时邻居伯母对她们姐妹多是指责的话语，说她们懒，不干活，也不爱学习。社会工作者在交流中从优势视角将四姐妹身上的优点告诉邻居伯母，并告诉她平时可以观察是不是这样，并观察四姐妹这段时间会发生什么变化。当再次见到邻居伯母时，她对服务对象的评论有所改变，也让自家孙子跟她们一起玩了，她说这一段时间四姐妹勤快了，会主动帮爸爸做事情，还把家里收拾得很整齐，肯定了社会工作者的工作。当社会工作者提出让她帮忙带动周围其他邻居多与该家庭接触交流，希望在她们家有需要时邻居们能做一些力所能及的事帮助她们一家，邻居伯母也很乐意并愿意坚持下去。这促使了服务对象家庭能更好地融合进所生活的社群，促进服务对象一家的社会融合。

八、服务评估

（1）过程评估：了解服务对象打卡前和打卡后的习惯是否有所改变，并与预先制定的目标进行对比，评估服务成效。

（2）结果评估：社会工作者介入后，对最终服务目标的达成程度进行评估。

九、服务成效

（一）服务对象的改变状况

社会工作者为服务对象提供居家训练，服务对象每一次的参与都很认真，而且能学以致用在日常生活中保持良好的习惯（比如叠衣服、收拾房间、物品归类等），为自己营造了一个整洁卫生的生活环境；在参加社区活动中也积极担任小小志愿者与社会工作者一起打扫活动现场卫生。在连续两个月坚持打卡后，社会工作者询问服务对象，你们觉得这段时间以来社会工作者的工作对你们影响最大的一点是什么？老二 LCL 给出的答案：卫生方面，家里整洁了很多。父亲和其他姐妹也表示认同。

通过观察法，社会工作者对比了老二 LCL 的变化，从一开始的很安静到主动向社会工作者分享她在学校的趣事，到现在放学后经常和同学朋友一起学习、打球等。社会工作者改善了她的朋辈支持系统，其脸上洋溢着阳光自信的笑容，变化非常大。

（二）工作目标的实现程度

1. 个人层面

服务对象掌握了安全用电、生理期卫生等知识。另外，通过居家训练，学会了如叠衣服、收拾房间、物品归类等，家里环境从杂乱脏到整洁，干净了许多，由此可知，服务对象她们能够整齐地摆放学习用具，每人的衣服用纸箱分类整理，摆放整齐。提升了自我照顾能力和家务能力。

服务对象养成了坚持按时吃早餐、注重个人卫生、每天做家务和学习等良好习惯。

2. 家庭层面

她们通过互相辅导作业，以及父亲监督打卡情况，增加了家庭沟通交流的机会，父亲也逐渐学会赞美她们的行为和肯定她们的努力。

3. 环境层面

通过与他人互动的多种行为，强化了服务对象的朋辈支持，改善了她们的周边环境，促进了她们的校园融合，同时也联动了学校老师平时多关心服务对象姐妹在学校的表现。老师也反馈这一段时间老二 LCL 的变化很大，开朗了很多。

十、总结与反思

本案例以一个家庭为主，可是在服务过程中社会工作者更多将重心放在了儿童和她们父亲身上，忽略了母亲的工作。母亲是智力残疾二级患者，虽然与她直接沟通比较困难，但是也因为这个原因，她同样很需要社会工作者的关注。因为她平常会到处游荡，所以可能会存在一些潜在危险，比如摔倒、走丢等。针对这种情况，社会工作者虽建议她们的父亲注意照看好她们的母亲，但意外还是发生了，最近一段时间她就在一次外出时摔倒，导致脑出血住院，家庭问题的复杂性导致社会工作服务开展有一定的局限性。

最打动人的不是社会工作者拥有多么厉害的介入技巧和方法，而是社会工作者发自内心深处的真诚和同理。刚开始接触她们父亲时，社会工作者比较受挫，多次想与其接触访谈时，其防备心较大，社会工作者很难深入挖掘到一些信息。后来，社会工作者经过反思，意识到自己是民政社会工作者，在开展服务时，应不断地为服务对象传递党和政府的关怀和温暖，以长期真诚的陪伴感化服务对象，深度同理服务对象的处境，在日常走访中，社会工作者转向陪伴孩子谈心、提升孩子家务能力、搞好家庭和个人卫生方面，父亲看到了社会工作者真诚地帮助孩子，渐渐地社会工作者的付出促使父亲放下了防备心，向社会工作者吐露心声。正是社会工作者真诚和同理，才与她们父亲建立起了较高水平的信任关系。

社会工作者与服务对象互为主体。社会工作者一开始先入为主，觉得服务对象是低保户，应该最主要的是缺乏经济上的支持。深入了解后发现，她们家庭的支持网络非常多，形成孩子被动接受别人短暂的好，因为在别人的眼里她们很可怜，话里话外都是同情，而不是她们真正最需要的陪伴和理解。社会工作者更多在于激发她们的意识，帮助她们意识到自己能成为更好的人并愿意为之付出努力，协助她们制订成长计划，设置打卡任务，培养自身的良好习惯，实现阶段性的小目标，让其父亲监督，见证她们的进步与改变，给予肯定，强化她们家庭对孩子的情感支持。

点评

该案例的优点在于社工服务实施者对案主的问题和需求进行了相对完整、全面的分析，而且从家庭层面寻找问题存在的根源，这为服务方案的设计及成效的取得奠定了良好的基础。案例介入从不同层面进行，服务过程详细，方法也较为得当，体现了社会工作者的专业性。特别是在面对个人或家庭困难的服务过程中，积极寻求社会资源的链接，而且取得了一定的效果，体现了服务者应对复杂社会问题的能力。

案例本身稍有不足的是，服务评估环节写得过于简单。

案例二：让你不再孤单

——高龄民政对象的社工介入案例

湛江市麻章区东山街道社工站　陈霞丽

一、背景介绍

（一）基本资料

服务对象：料爷爷；性别：男；年龄：82 岁；民族：汉；婚姻状况：未婚；受教育程度：高中；性格特征：孤僻多疑，随性，不合群。

（二）接案原因

东山街道“双百”社会工作者入驻北山调晨村后，对调晨村每个民政服务对象进行探访、接触及了解之后，一个特殊的民政服务对象料爷爷走进了社会工作者的心中。料爷爷既是“五保”户又是残疾人（左腿高位截肢），3 名社会工作者协商后决定对其建立个案来跟进。

（三）背景资料

1. 家庭背景

服务对象现是一名“五保”户，有一远房侄子。其他兄弟姐妹均已离开人世。

2. 残疾原因

服务对象在 20 岁左右跟随母亲在外干活时，在堆满谷物的仓库中，被几袋倒下来的谷物压断了左腿，最终导致左腿高位截肢。从此身体和精神上都受到不同程度的创伤，因家境贫寒，又因早年残疾等原因，刚开始是低保户。随着时间的推移，最终成了“五保”户。

3. 文化水平

根据村里老人所述，服务对象在村里现如今的 80 岁高龄老人里，属于高学识人士。年轻的时候，村里的孩子放学后经常找他补习功课，特别是考试前门庭若市，停满自行车，堆满鞋子。现如今服务对象的房间内四大名著放在床头。

4. 身体情况

左腿高位截肢，精神状态时常出现恍惚，有肺炎、胃炎，易健忘。经常遗失存折、身份证等物件。

5. 收入情况

服务对象无农务劳作经济来源，主要依靠“五保”救济金生活，另外会偶尔在路上拾荒，拾一些废瓶废纸，还在自己的私人宅基地处养了几只小鸡，长成后拿到东山镇的集市上卖售，作为额外收入，母鸡下的鸡蛋还可以日常补充营养。

6. 生活环境

政府帮忙改造一间15平方米左右的小平房，没通水，有简单粗糙的外接电源。房间从地板到桌面再到床上，东西乱摆、杂乱无章，卫生状况极差，经常有浓浓的异味从房间里散发出来。

7. 生活情况

服务对象每天都会单脚蹬着三轮车去镇上，或者去自己宅基地养鸡。一日三餐一般在饭店解决，花销较大，在月度下旬时已无多余钱财可用，常会出现食不果腹的现象。偶尔侄媳妇（越南人，语言交流不是很顺畅）来为其送饭。

8. 其他问题

人际交往上不合群，固执；独居，半自理，无其他情感支持，渴望伴侣；财产管理不善，个人生活资金消费过度，钱财使用无规划。

9. 重要事件

2018年8月6日下午6点30分，服务对象自己一人打了一辆三轮摩托车来到社会工作服务站，说他可能需要住院，身体难受、头晕、心悸，一个人打了好久的车才有人肯载他，希望社会工作者能帮忙送他去医院看病。

二、分析预估

（一）问题分析

1. 服务对象遭遇本次紧急事件的原因

（1）服务对象属于“五保”户，独居，亲属仅有远方一侄子。服务对象与邻里间的关系也一般，不合群。故当服务对象遭遇到紧急事件时，他能想到的只有社会工作者，只能寻求社会工作者的帮忙。

（2）服务对象独居，自我照顾能力和自控能力比较差。平时的饮食习惯非常差，一日三餐一般在饭店解决。因此时常会在月度下旬出现食不果腹的情况，导致其胃部经常不舒服。

（3）服务对象的收入为政府救济金（“五保”金及老人金），没有其他经济来源。理财能力也比较差，平时都是有一顿吃一顿，几乎没有存款。财物过度使用，没有合理的资金使用规划，出现消费致贫情况，导致其在遭遇紧急事件时没有能力支付医药费。

2. 服务对象在生理、心理和社会关系方面存在的问题

（1）生理方面：服务对象身体方面除了残疾外，也因平时不注意饮食，导致胃病不定时发作。

（2）心理方面：服务对象独居，亲属不常来看望他，经常会感到孤立无援，特别是在遇到困难的时候。

（3）社会关系方面：从社会支持网络理论看，服务对象的家庭支持网络支持力度非常薄弱，侄子不在身边，邻里关系一般，需要增强其支持网络支持力度。

（二）需求分析

根据服务对象的问题分析，得出服务对象的需求如下：

1. 针对紧急事件

需要社会工作者紧急处理服务对象的危机事件，陪伴其渡过难关，为其注入希望。

2. 服务对象个人生活方面

（1）服务对象饮食习惯较差，偶尔会饥一顿饱一顿，这样的饮食习惯

容易导致胃病加重，故服务对象需要学习如何健康饮食。

（2）服务对象理财能力较差，财物过度使用，没有合理的资金使用规划，导致消费致贫，故服务对象需要学习如何理财。

3. 服务对象支持网络方面

（1）服务对象在遭遇紧急事件时，除了社会工作者，没有可以求援的人。在社会支持网络方面支持力度非常薄弱，需要构建加强家庭、村干部和邻里之间社会支持网络。

（2）服务对象平时没有积蓄，这次生病住院服务对象没有资金承担住院医疗费用，需要向民政办申请大病救助，缓解服务对象因本次住院产生的经济压力。

三、服务计划

（一）服务理论模式

危机介入模式是指针对服务对象的危急状态而开展的调适和治疗工作方法。危机介入的重要原则：及时处理、限定目标、注入希望、提供支持、恢复自尊、培养自主能力。危机介入模式的特点：①迅速了解服务对象的主要问题；②快速做出危险性判断；③有效稳定服务对象的情绪；④积极协助服务对象解决当前问题。

首先，服务对象到社工站表示身体不舒服，请求社会工作者带其到医院进行检查，社会工作者同意并做了及时处理；其次，限定目标——陪伴服务对象度过这次危机，带其到医院进行检查，并协助办理住院手续。为了让服务对象看到希望，社会工作者可以提供情感支持和政策支持（链接政府救济）；及时给予关注，在有限的时间内快速、有效地帮助服务对象降低危机带来的影响。

（二）服务目标

（1）陪伴服务对象应对危机事件，给服务对象注入希望。

（2）协助服务对象加强家庭网络的支持力度。

（3）协助服务对象向民政办申请大病救助，缓解服务对象因本次住院产生的经济压力。

（4）在危机结束后，引导服务对象正视自己的理财问题以及学会合理规划资金的使用。

（5）在危机结束后，指导服务对象学会统筹自己的饮食管理，健康饮食。

（三）服务策略

运用危机介入模式处理服务对象的紧急事件，在危机事件结束后，利用危机事件反映出的问题，与服务对象一起进行探讨，以期能引起服务对象对自身问题的正视，并通过工作人员的指导能够有所改善。

（四）服务程序

1. 第一阶段：危机事件的处理（2018 年 8 月 6—12 日）

社会工作者针对服务对象的紧急情况，做出了以下安排：①迅速了解服务对象的主要问题；②快速做出危险性判断；③有效稳定服务对象的情绪；④积极协助服务对象解决当前问题。

2. 第二阶段：完善其家庭支持网络和社会支持网络（2018 年 8 月 12 日至 10 月）

从服务对象的家人和非正式社会支持网络入手，协助其加强这两方面的网络支持力度。

3. 第三阶段：引导服务对象正视自己的理财问题，引导服务对象学会合理规划资金的使用（2018 年 10—12 月）

通过危机事件，服务对象对社会工作者的信任度更高，社会工作者利用这次机会向服务对象传播正确的理财知识，引导服务对象合理使用生活资金，避免使自己陷入困境。

4. 第四阶段：指导服务对象学会统筹自己的饮食管理，健康饮食（10—12 月）

通过危机事件，服务对象对社会工作者的信任度更高，社会工作者利用这次机会向服务对象传播健康的饮食知识，引导服务对象健康饮食，以免其病情加重，保障身体健康。

四、服务计划实施过程

（一）第一阶段：危机事件的处理（2018 年 8 月 6—12 日）

8 月 6 日下午 6 点 30 分，服务对象自己一人打了一辆三轮摩托车来到社会工作服务站，说他可能需要住院，身体难受、头晕、心悸，一个人打了好久的车才有人肯载他，希望社会工作者能帮忙把他带去医院看病。虽然东山街道社会工作服务站的社会工作者立即带他去东山人民医院看病（“五保”户建档医院），但由于东山人民医院条件有限，于是又辗转到了好好医院，社会工作者为他办理住院手续及安排住院后续服务。

由于住院都必须交押金，而服务对象平时不善于管理个人生活资金，根本没存一点钱。因此，社会工作者为了能让其顺利住院治疗自掏腰包垫付 800 元的押金。经过一两个小时的检查，得出病症是发热跟胃发炎，住院两三天身体病症基本都好了。由于一个人孤寂久了且长时间营养不均衡，服务对象自己要求多住院几天打营养针来补充身体营养。在医院订的饭菜每餐都按时送，服务对象表示很久没过这样的生活，同时感谢社会工作服务站为他的付出并很感动。服务对象表示，自己遇到这种情况的时候，当时能想到的就只有社会工作者。

（二）第二阶段：完善家庭和社会支持网络（2018 年 8 月 12 日至 10 月）

在协助服务对象完善其家庭支持网络方面，社会工作者在医院将服务对象安顿好后，通知其侄子前来照顾，并与其侄子沟通本次危机事件，希望这位唯一的亲人能经常来看望。服务对象感慨道：不常来看自己的亲戚也来看望自己了。

在协助服务对象完善社会支持网络方面，社会工作者主要从两个方面着手：正式支持网络的民政政策资源方面和社区支持网络方面。

正式支持网络的民政政策资源方面：在服务对象住院后，社会工作者与街道民政办联系并汇报服务对象的情况，协助服务对象向民政办申请大病救助以缓解服务对象因本次住院产生的经济压力，该项申请在 9 月底完成。另外，在住院期间，社会工作者了解到服务对象没有申请 80 岁老人的钱（每年 360 元），在社会工作者的协助下，已将资料准备齐全并上交镇民政办办理。

社区支持网络方面：服务对象出院后，为了促进服务对象正常生活，恢复社区支持网络的部分弱化功能，社会工作者通过同服务对象面对面沟通、一起在社区里散步等方式，潜移默化地引导其正面关注社区生活及社区人群，自己走出去；另外，社会工作者发动社区居民开展社区送温暖活动以构筑社区小型支持网络，社会工作者带动社区小朋友对服务对象进行问候关怀。如 9 月 22 日社工站开展中秋节活动，活动中妇女制作月饼、儿童制作灯笼，社会工作者组织儿童将月饼和灯笼以及关心和祝福送到服务对象家中。服务对象从之前的漠视转变到现在偶遇时会打一个小招呼，从高度防御不相信到现在可以无芥蒂的沟通，在服务对象的慢慢转变过程中，社会工作者给予高度鼓励和不断精神支持，增强了服务对象对人和环境的适应能力。

（三）第三阶段：引导服务对象理财（2018 年 10—12 月）

在引导服务对象学会合理规划资金方面，社会工作者从与服务对象制订生活规划及使用钱财的计划，以及引导服务对象独立思考和创造收入补贴生活两个方面进行跟进。

2018 年 10 月初，社会工作者开始引导服务对象对财务无规划的问题引起关注和重视，并与服务对象制订生活规划及使用钱财的计划。经过几次深度访谈，服务对象已意识到不合理的财务规划会面临着没钱买饭菜、借钱被催债、鸡鸭还未养大就要卖的后果。因此与社会工作者共同协商并制订了计划：每月初先拿每月发的“五保”金 704 元中的 300 元用半个月，如果不够用就要了解一下自己多花钱是什么原因；如果超半个月就有余存。该计划被服务对象逐渐接受并执行，让服务对象原先不稳定的生活渐渐变得稳定。

同时，社会工作者引导服务对象培养独立思考和创造收入补贴生活的能力，激发服务对象的潜在经济价值。因此，服务对象想到了去菜市场卖菜和买小的鸡鸭养大并卖掉等方案，并与社会工作者协商两种方案的可行性。第一种方案：去市场上卖菜。服务对象是左腿高位截肢的残疾人，出行主要是蹬着一辆三轮车。这对服务对象来说，去菜市场卖菜不大现实，首先是货源问题难以解决；其次摊位问题也不容易解决，即便拿下卖菜摊位也需要支付租金，对于“五保”户身份的服务对象来说也并不划算；最后，如果在路边卖菜的话还要防着城管时不时扫街清货，这样的情况对于一名残疾人，而且80多岁高龄的服务对象来说就是个很大的难题。第二种方案：买小的鸡鸭养大再卖。服务对象与社会工作者讨论后，都一致认为这个方案是可行的。因为服务对象经常会去饭店吃饭，饭店所遗留的饭菜就可以被服务对象带回来给小鸡小鸭吃。只要服务对象耐心照顾，把小鸡小鸭养大没问题。现在服务对象依赖政府救助的思想和频率已经有所下降。

（四）第四阶段：指导服务对象合理安排饮食（2018年10—12月）

一方面社会工作者与服务对象通过深度访谈指导其重视自己的饮食管理。个案服务前，服务对象饮食习惯较差，一日三餐几乎都在饭店解决，偶尔也会饥一顿饱一顿，导致身体素质较差，胃病不定时发作。经过服务后，服务对象认识到健康饮食的重要性，他告诉社会工作者：“我之前都是想吃什么就吃什么，也不按时吃饭，都是饿了再吃。时间久了胃就会疼，身体变差了，现在经过你们的陪伴，明白了（这其中的关系），以后会注意的。”另一方面社会工作者邀请其侄媳妇加入，共同与服务对象协商如何健康饮食。11月后，服务对象饥一顿饱一顿的频率已经有所下降，其自8月住院疗养之后，饮食规律了，胃病也有所缓解。

五、总结评估

（一）评估方法

通过服务前后对比和服务后反馈来评估服务成效，运用的具体评估方法有参与观察、深度访谈和记录分析法，评估服务对象的问题改变状况、服务满意度，并通过工作人员自评，总结反思服务目标的达成效果及专业实务的成长。

（二）介入成效

5项服务目标基本达成。

（1）陪伴服务对象应对生病的危机事件，给服务对象注入希望。

（2）协助服务对象加强家庭支持网络和社会支持网络的支持力度。在社会工作者的引导和鼓励下，服务对象逐渐融入社区，家庭支持网络初见成效，每周其侄子及侄媳妇都会来看望服务对象2~3次，为服务对象提供家庭温暖。

（3）协助服务对象向民政办申请大病救助，缓解服务对象因本次住院产生的经济压力。社会工作者不仅协助服务对象成功办理了大病救助，也协助服务对象申请了80岁老人的钱。

（4）社会工作者引导服务对象正视自己的理财问题以及学会合理规划资金的使用。服务对象基本按照与社工一起制订的计划执行，使原先不稳定的生活渐渐变得稳定，并开始思考如何通过自己的努力创造经济收入以补贴生活。

（5）社会工作者指导服务对象学会统筹自己的饮食管理，健康饮食。服务对象按照与社工及其侄媳妇共同制订的健康饮食计划执行，饮食渐渐变得规律、正常。

六、专业反思

（一）与服务对象建立信任关系

在与服务对象建立信任关系的基础上，社会工作者与服务对象共同制订服务计划，得到服务对象的支持与肯定，同时服务对象自己有什么需求与困难也会跟社会工作者述说。该个案服务对象在遇到困难时，第一个想到的是社会工作者，说明了社会工作者在平时的服务中已经与服务对象建立了信任关系。

（二）社会工作者需注重服务对象意愿

作为社会工作者，在服务时要注重服务对象的意愿，一切要在尊重和征求服务对象的意愿上进行，同时也要有预见性的准备。在讲话时要有引导性，学会灵活运用各种沟通技巧和有目的性的沟通谈话。一切都是要在有准备的提前下进行，这才是社会工作者在开展服务时最基本的要求。在跟进该个案的过程中有一个小插曲：服务对象2018年11月初突然告知社会工作者购买了一辆价值3000元的电动三轮车，并将这个好消息与社工分享，但服务对象的这一举动完全打乱了社会工作者与服务对象协商制订的计划。但社会工作者还是尊重服务对象的意愿，随后与服务对象商讨如何对这次事件做出后期的应变计划。

（三）社会工作者要多关爱服务对象精神需求

服务对象既是残疾人又是“五保”户，需要关爱和照顾。社会工作者要当服务对象的贴心人，时常去探访他，疏解其心理问题。社会工作者所做的也许并不能给服务对象一个实质意义上的家，也不能时刻陪伴在他们身边，但至少我们可以倾其所有去填充服务对象心灵上的空巢，构建其心中的家。另外，社会工作者也要调动一切可以利用的资源，从新的角度看待问题，联动社区优势资源，鼓励和带动服务对象参加社区活动，培养自己的人际关系，以积极开朗的状态面对社区和生活。

（四）促进服务对象自我独立解决问题能力提升

作为一名社会工作者，我们要相信服务对象的生命潜能，要“助人”，更要“自助”。在本案中，社会工作者引导服务对象提升独立思考和创造经济收入补贴生活的能力，激发服务对象的潜在经济价值，于是服务对象想到了去菜市场卖菜和买小的鸡鸭养大并卖掉这两种方案，并与社会工作者协商这两种方案的可行性。这说明其已然达到初步“自助”的状态。

点评

该案例的案主及其所面对的困难十分具有代表性，服务对象所面临的问题表面上似乎不严重，但在当前社会实践中仍是基层社会难以解决的问题，而且容易导致问题恶化，因此，该案例是具有很好的实践意义和示范意义的。案例中的社会工作者通过对案主的近距离接触与了解，制订合理的方案，特别是服务比较细致，通过细致入微的工作来影响和改变高龄服务对象，这显得尤为重要。整个案例体现了社工的专业性、服务过程的完整性，也取得了较为良好的服务效果。

当然，案例在对服务对象（案主）的特殊性的了解和把握方面还有待进一步细化，对该个案的社会普遍性意义的描述也有待于进一步完善。

案例三："至少还有你"

——三无人员危机介入个案服务

湛江市坡头区南调街道办事处　施彬彬

湛江市民政局"双百工程"督导办公室　许志玲

一、背景介绍

（一）基本资料

施伯（化名），男，生于1949年5月，于2022年2月5日在湛江南油医院去世，享年73岁，本科学历，祖籍上海，在山东长大，后来到南调工作且下岗，2018年落户湛江市坡头区南调街道。服务对象一直孤身一人在麻斜租房居住，无收入来源、无劳动能力、无法定赡养义务人，属于南调街道的三无人员。

（二）接案原因

2021年12月，服务对象的房东考虑到服务对象年纪大、身体差，便表示不愿意继续租房给服务对象居住，加上服务对象的身体状况恶化需要入院治疗，服务对象面临住所和疾病的困境。为此，社会工作者决定采取危机干预方式进行介入，开展个案服务。

（三）背景资料

1. 身体情况

服务对象身体不适，晚上身体发痒，全身发黄，因不想花钱，所以不愿意去医院做检查。

2. 家庭情况

虽然服务对象结过婚，但没有法律效力。其与妻子育有一女，服务对象的妻女在1993年离开，与女儿的最后一次见面是在1996年的广西。跟进个案时了解到服务对象与所有的亲戚朋友以及女儿都断了联系。

3. 生活情况

服务对象独自于麻斜租房居住，一个月租金 500 元左右，平日大部分时间都是玩手机，有抽烟的习惯，并且抽烟抽得很厉害，平时的想法都是攒钱去广西寻找女儿。

4. 经济情况

服务对象是社区的特困供养人员，每月领取 1293 元救助金，但每月租房支出将近 500 元，同时，有抽烟的习惯，且身患疾病需长期自费服药、除了租房、药费和抽烟支出，剩下的钱不足以吃饭。因此服务对象经常吃不上饭，有吃速食的习惯。

5. 心理状况

服务对象独自居住，非常孤单，情绪抑郁难以排解。服务对象性格高傲，不轻易在外人面前展现脆弱的一面。

6. 人际关系

服务对象健谈，待人有礼貌，社会阅历丰富，文化水平较高，言谈举止都给人一种知识分子的感觉。房东虽然不愿意继续租房给他，但是他与房东关系良好，房东经常接济他。另外，由于服务对象经常向社区、街道反映问题，社区、街道工作人员对他都比较熟悉，很关心他。社区居委会工作人员符某是服务对象较为信任的人。

二、分析预估

（一）问题分析

1. 住房问题

服务对象的房东看到服务对象年纪大，全身发黄，身体状况每况愈下，由于本地人不愿意让别人在他家房子里去世，故跟服务对象表示不愿意继续租房给服务对象居住，希望服务对象可以搬离。服务对象面临住所问题。

2. 身体问题

服务对象身体一向不好，他平时都是自己到药店买药吃。晚上身体会发痒，全身发黄。因为服务对象不想花钱，所以他不愿意去医院做检查和治疗，身体情况不容乐观。服务对象面临疾病困扰的困境。

3. 经济压力

服务对象每月领取的救助金不足以支付他每月的房租、医药费和抽烟支出，加上服务对象一直在攒钱打算去广西寻找女儿，除了房租、医药费和抽烟支出，服务对象不愿意在其他地方花钱。

4. 心理压力

服务对象的性格是导致他如今生活困难重重的主要原因，他为人固执，但同时也重情重义。与妻子的婚姻并不具有法律效力，女儿及亲戚朋友都和他断了联系，没有来自家庭的支持。他想念女儿，加上身体状况恶化，服务对象感到孤单、无助。

（二）需求分析

1. 住房的需求

服务对象是三无人员，无收入来源、无劳动能力、无法定赡养义务人，况且他没有房产，在面对无法租房的情况下，服务对象是无处可去。服务对象有住房的需求。

2. 医疗的需求

即使服务对象一直强调自己身体健康，但是他全身发黄的迹象都表明他的身体出了问题。服务对象有治疗疾病的需求。

3. 缓解经济压力的需求

服务对象不愿意去医院的原因是不愿意花钱，本来每月领取的救助金就不足以支付他每月的房租、医药费和抽烟支出，加上他还想要省钱去寻找女儿，服务对象的经济压力非常大。服务对象有缓解经济压力的需求。

4. 给予社会心理支持的需求

服务对象寻找女儿多年，仍没有结果，也无正在联系的亲戚朋友。同时受病情的影响，心情较为低落、受挫、烦躁。为了缓解服务对象低落的情绪，弥补服务对象缺失的心理支持，需要给予服务对象社会心理支持和关注、关怀。

三、服务计划

（一）服务理论模式

1. 危机介入模式

危机介入模式是指针对服务对象面临没有住所和重病卧病在床的双重困境、情绪悲观的危急状态而开展调适和治疗的工作方法。危机介入的重要原则：及时处理、限定目标、注入希望、提供支持、恢复自尊、培养自主能力。危机介入模式的特点：①迅速了解服务对象的主要问题；②快速做出危险性判断；③有效稳定服务对象的情绪；④积极协助服务对象解决当前问题。

2. 社会支持理论

社会支持理论是指一组个人之间的接触，通过这些接触，服务对象得以维持社会身份并且获得情绪支持、物资援助和服务、信息与新的社会接触。

依据社会支持理论的观点，一个人所拥有的社会支持网络越强大，就能够越好地应对来自环境的各种挑战。社会支持网络分为正式支持与非正式支持。正式支持体系主要是由政府的老年工作组织机构、涉老组织机构构成的，主要包括贫困救助、危机干预、生活照料、老年人权益保障等多方面的内容。非正式支持体系主要有三类：一是家庭成员对父母的养老支持；二是亲属对老年人的支持；三是非亲属对老年人的支持。非正式支持主要包括经济支持、生活照料、情感支持、精神慰藉等。

3. 人生回顾疗法

巴特勒发展出了一套人生回顾概念体系，来帮助老年人重新评估一生中的好事、坏事，调和失败和成功。通过这一方法，老年人能从过去的经历中发现生活新的意义，从积极的角度看待这些经历，并获得生活的满足感。

（二）服务目标

（1）协助服务对象解决住所和疾病危机，陪伴服务对象应对危机事件，给服务对象注入希望。

（2）协助服务对象申请临时救助，缓解服务对象因重病住院引起的经济压力。

（3）在危机结束后，引导服务对象调适心理，积极应对，通过人生回顾疗法，与服务对象共同回顾人生历程，寻找自我存在的价值，减少厌世情绪。

（4）增强服务对象的社会支持网络，让服务对象感受到来自政府和社会的关爱。

（三）介入策略

运用危机介入模式理论、社会支持网络理论和人生回顾疗法三者结合的方法。

首先运用危机介入模式处理服务对象居住问题和入院就医的紧急事件，依据危机介入模式的 4 个特点开展服务：

（1）迅速了解服务对象的主要问题。服务对象因重病卧病在床，生理和心理均受到影响。

（2）快速做出危险性判断。因服务对象卧病在床，失去自理能力，身体的病痛和长期情绪低落使服务对象厌世情绪加剧。

（3）有效稳定服务对象的情绪。社会工作者制订个案跟进服务计划，通过长期的跟进陪伴，提升服务对象的自我评价，缓解服务对象的负面情绪。

（4）积极协助服务对象解决当前的问题。具体表现根据社会支持网络理论分析，服务对象的非正式支持网络的支持力度较为薄弱，重点是协助服务对象建立正式支持网络，主要包括南调街道办、社区工作人员、社会工作者。

（四）服务程序

1. 第一阶段：危机事件的处理（2021 年 12 月至 2022 年 1 月）

及时处理、限定目标、注入希望、提供支持、恢复自尊、培养自主能力，及时协助服务对象摆脱双重困境，让服务对象安稳应对危机事件。

2. 第二阶段：促进服务对象正常就医（2022 年 1—2 月）

通过陪伴与支持协助服务对象能够安心住院，治疗疾病。

3. 第三阶段：通过生命故事访谈，与服务对象共同回顾人生历程，寻找自我存在的价值，正视生命存在的意义（2021 年 12 月至 2022 年 2 月）

运用尊重、倾听、同理心等多种专业技巧，给予服务对象社会心理支持，向服务对象注入希望，协助服务对象消除消极的情绪，感受到政府和社会的关爱。

四、服务计划实施过程

（一）危机事件的处理

社会工作者针对服务对象的紧急事件，开展了以下服务：

1. 迅速了解服务对象的主要问题

2021 年 12 月，社会工作者通过街道办接触到服务对象，了解到服务对象身体情况开始变差，房东不愿意继续租房给他，服务对象一下子陷入住房和就医的双重危机，社会工作者快速做出判断，对服务对象展开紧急介入。社会工作者了解到服务对象的身体从半个月前开始变差，街道办公共服务中心负责人和南调街道社会工作者站副站长前去探望服务对象，为服务对象购买药品、棉被，并自掏腰包给了服务对象 200 元，希望服务对象能买点好吃的。

2. 协调服务对象住所问题

南调街道党工委书记一直关心着服务对象，由于南调街道没有敬老院，为了解决服务对象的居住问题，书记积极与乾塘镇主要领导进行沟通与协调，最终同意让服务对象搬进乾塘镇敬老院。服务对象一开始不愿意入住敬老院，后来经过南调街道公共服务办负责人兼南调街道社会工作者站常务副站长和社会工作者的多次沟通，服务对象才表示愿意入住敬老院。服务对象住所问题的解决，需要南调街道党工委、乾塘镇党委、乾塘镇敬老院、湛江南油医院、南调街道海盛社区、南调街道社会工作者站等多方发力。

3. 消除服务对象的后顾之忧，说服服务对象住院治疗

南调街道公共服务办负责人兼南调街道社会工作者站常务副站长与社

会工作者多次劝说服务对象就医，但服务对象一直不愿意去医院，最后了解到服务对象迟迟不去就医的原因是害怕付不起医药费。为了消除服务对象的后顾之忧，南调街道党工委书记与湛江南油医院院长沟通，最终协商了解决方案：湛江南油医院免除服务对象的住院押金，先为其办理入院治疗，医保报销后，由政府救助进行兜底。经社会工作者与医生沟通，医院为服务对象开通绿色通道，免除了服务对象的救护车费用。

4. 有效稳定服务对象的情绪

社会工作者在服务对象每次情绪变化时都陪伴在服务对象的身边，时刻给予服务对象关注和支持。2022 年 1 月 7 日，南调街道公共服务办负责人兼南调街道社会工作者站常务副站长带领社会工作者共同为服务对象办理入院手续。经社会工作者与医生沟通，医院为服务对象开通绿色通道，免除了服务对象的救护车费用。另外，社会工作者了解到服务对象陷入了无助、焦躁的情绪，需要社会工作者的介入。社会工作者与南调街道公共服务办负责人兼南调街道社会工作者站常务副站长、海盛社区的工作人员一起帮忙打包行李，安抚服务对象情绪。

办理住院前，社会工作者不放心服务对象一人在医院，于是社会工作者陪同服务对象办理入院手续。随后，医生安排服务对象在内科住院，社会工作者便陪同服务对象一起做身体检查，包括抽血、拍 CT 等一系列检查。原本服务对象对医院感到害怕，但社会工作者多次向服务对象注入希望，让服务对象放心在医院治疗。有了社会工作者的支持与陪伴，服务对象似乎安心了不少，消除了对医院的恐惧。

服务对象检查完毕后，社会工作者帮助服务对象在病房摆放好日常用品。由于服务对象平时的饮食喜好面食，不适应医院的饭菜。为此，社会工作者为服务对象在网上点了喜爱的面条。社会工作者离开医院前，服务对象一直向社会工作者道谢，尽管服务对象的腿脚不便，仍坚持走出病房，目送社会工作者离开。

5. 协助服务对象申请临时救助，缓解服务对象因重病住院带来的经济压力

社会工作者在第一次探访结束后为服务对象申请临时救助，落实临时救助政策。在探访结束后不久，社会工作者就协助服务对象申请到了 1000

元救助金，暂时缓解了服务对象的吃饭问题。考虑到服务对象经济困难，社会工作者还向坡头区民政局提交了临时救助申请。

6. 积极协助服务对象解决当前问题

一是社会工作者与医生做好沟通的工作，方便服务对象的就医流程。二是解决服务对象饮食问题，与护士协调服务对象的每日三餐。

（二）促进服务对象正常就医过程的运转

服务对象做完身体检查，检查结果显示服务对象患有胰腺肿瘤，导致重度梗阻性黄疸，肝衰竭，全身发黄，脚部肿胀。医生表示服务对象属于癌症，且已经是晚期。面对服务对象如此严重的病情，社会工作者刚开始觉得很难过，后来很快就转变了工作方向，一方面保障服务对象住院治疗过程中的吃穿用度；另一方面也不断给予社会心理支持，开展临终关怀服务。

住院过程中服务对象的主要问题是吃饭问题。服务对象由于身体原因，能吃得下的食物不多，且由于服务对象是北方人，食物方面更倾向于北方面食。社会工作者了解到南油医院的饭堂不提供送饭的服务，中午以及晚上的伙食都是南方小炒之类的，没有北方面食。

2022 年 1 月 14 日，社会工作者探望服务对象，与服务对象畅谈。了解他的生命故事、病情反映以及更多细节。社会工作者发觉服务对象神态略显疲态，服务对象自述感觉良好，脚也消肿了。社会工作者叮嘱服务对象保持良好心态。上次探访的时候，服务对象说吃中药苦叮嘱社会工作者为其购买陈皮去苦，社会工作者为其购买了陈皮。

在与护士长的谈话中了解到，服务对象平时都是吃八宝粥为主，护士在吃早餐的时候都会自动为其多带一些馒头之类的，社会工作者为了让服务对象买饭吃，告诉服务对象如果不买饭政府就不给他发放临时救助，并拜托护士长帮服务对象订饭。

医生和护士长向社会工作者表示，服务对象的病情较为严重，是胰腺癌，并且已经扩散到肝胆器官。医生建议到三甲医院做手术，但手术之后生命时间也只有半年，现在的情况是服务对象已经签了不到三甲医院治疗的协议。

关于服务对象的三餐问题社会工作者想了多种方案，加上协会还未成立，还要请示领导以及需要街道的帮忙才能实施。

随着服务对象的病情越来越严重，再加上各方面的原因，医院一直劝导他转院，给了服务对象一定的压力，也增加了服务对象的焦虑。最后在街道领导的帮助下，社会工作者联系好了另一家医院——平安医院。2022年1月16日服务对象转到平安医院，在平安医院一日三餐都有人送，这一点是让人比较放心的，社会工作者之前一直为服务对象的三餐问题伤脑筋。

在平安医院住院一个星期后，由于平安医院过年期间需要放假，再加上病情的缘故导致大、小便失禁，让他自尊心受损，便对医生和护士产生了怀疑。2022年1月23日，社会工作者与社区工作人员一起帮助服务对象转院。社会工作者发挥协调者与联系者的作用，协助服务对象转院，为其办理好出院以及转院手续，做好与医生的沟通工作，帮助服务对象收拾好行李。

因病情恶化、情绪不佳，不仅要与湛江南油医院、坡头平安医院协商好转院手续等相关流程，还要安抚服务对象的焦虑情绪，最后顺利转院，在街道、医院、社区、社工的共同努力下，安排了护工照顾服务对象，贯彻、落实兜底民生服务的服务宗旨。

在整个入院、转院的过程中，社会工作者与社区工作人员一起安抚服务对象的情绪，跟他解释好接下来的转院流程，让他了解事情的步骤，提前有个心理准备。在出院和办理平安医院入院手续的过程中，社会工作者都以服务对象为主，时时安抚疏解他的情绪，以免其过度焦虑。

（三）社会工作者给予服务对象社会心理支持，开展临终关怀服务

海盛社区的工作人员已告知服务对象其病况严重，并且服务对象说“我知道，我不害怕死亡”。

在住院过程中，服务对象有情绪不好的时候，不愿配合医生的治疗。为此，社会工作者到医院探访服务对象，了解服务对象的想法，劝导服务对象听从医生的安排。有一次，社会工作者到达医院的时候，发现服务对象正在睡觉，用凳子顶住了房门，似乎不愿让人接近。社会工作者见状，于是先去找服务对象的主治医师，李医生向社会工作者详细地解释服务对象的病情，目前服务对象是危急重病，肝中毒已转移到脑部，偶尔会出现神经错乱现象，最严重的是服务对象的凝血功能异于常人。若服务对象出现出血状况，将难以止血，随时有生命危险。为此，医生现在不让服务对象进食，依靠打针来补充营养。随后，社会工作者与医生一起到病房，服务对象告知社会工作者，这两天自己尿湿了8条裤子，都是因为医生给自己输了太多液，对医生产生误解。为此，社会工作者向服务对象解释，输液是为了补充营养，希望服务对象能好好配合医生进行治疗。服务对象表示会配合医生治疗，希望大家最近不要来看望自己，不想让大家看到自己这个形象。

社会工作者担心服务对象因多次转院，产生不良的情绪，每次社会工作者都会将情况提前告知服务对象，服务对象都会说："好的，我会听从领导的安排。"社会工作者观察到，后面两次的探访，服务对象都没有哭，反而心情和精神状态都较好。虽然服务对象嘴上多次叫社会工作者不要来看自己，但是社会工作者到来的时候，服务对象并不抗拒，他只是在担心自己不好的形象被社会工作者看到。因此，下一次探访的时候，社会工作者可为服务对象戴上口罩，让他在社会工作者面前保留较好的形象。

社会工作者在介入个案过程中，运用尊重、倾听、同理心等多种专业技巧，与服务对象建立信任关系。面对服务对象就医的不良情绪，社会工作者给予社会心理支持，向服务对象注入希望，协助服务对象消除消极的情绪。了解服务对象的最后心愿，尽量满足，但服务对象后期思维混乱需要全程睡床和护工护理，已经到了生命的最后阶段。在以上的临终关怀跟进服务中，社会工作者都以服务对象为主，满足他的要求，听他讲述他过去的生命故事，故事关乎着改革、荣耀、争执、离去，我们的服务对象，经历过"宴宾客"，经历过"楼塌了"，在碌碌红尘中打滚过，他感慨过，他后悔过，现今他无能为力。面对着这样具有生命"宽度"但隐瞒秘密、隐瞒重大事件节点、亲人离散、没有家属、没有朋友的服务对象，社会工作者能够做的较为有限，但仍会充分做好服务对象的临终关怀工作，与服务对象建立良好的专业关系，让服务对象在最后的生命时间里，活得有尊严、有温度。

五、总结评估

（1）协助服务对象解决住所和疾病危机，陪伴服务对象应对危机事件，给服务对象注入希望。成功协调服务对象入住敬老院，并多方联动说服服务对象入院进行治疗，协助服务对象摆脱困境。

（2）协助服务对象申请临时救助，缓解服务对象因重病住院带来的经济压力。在整个个案服务过程中，社会工作者从服务对象的优势视角出发，落实政策链接资源。在南调街道办为其申请临时救助的同时，事务岗社会工作者也向坡头区民政局提交了临时救助申请，用来支持服务对象的就医及日常需求，缓解服务对象的经济困难。

（3）通过人生回顾疗法，与服务对象共同回顾人生历程，寻找自我存在的价值。在服务对象生命的最后时刻，在督导的协同下，社会工作者开展了临终关怀服务，时刻关注服务对象的身体状况以及需求，尽量满足其需求，保持倾听服务对象，安抚其情绪。服务对象的心愿是找到女儿，但是距离女儿和妻子离去已经将近30年了，服务对象也曾多次往返广西与到其他地方，终究还是没有消息。

（4）增强服务对象的社会支持网络的支持力度，让服务对象感受到来自政府和社会的关爱。南调街道办“双百”社会工作者与海盛社区工作人员发挥民政对象兜底性服务功能，在服务对象整个住院、转院期间，承担起手续办理、了解病情、链接资源的责任，且一直陪伴在服务对象左右，服务对象一直说：“现在政策好、党好、民好。如果没有政府，我这种人都不知道怎么办了。”

六、专业反思

（一）采取危机干预方式进行介入，开展个案服务

街道与社会工作者在知道服务对象陷入住房和就医的危机之后，便立即开始对服务对象开展紧急帮扶服务工作，协助街道一同解决服务对象的居住以及入院治疗等迫在眉睫的问题。此个案具备紧急性、复杂性，服务对象属于三无人员，无生活来源、无劳动能力、无法定赡养义务人。对于社会工作者来说，个案的跟进具有非常大的挑战性、局限性。

（二）政社联动，让兜底民生服务更有力度、更有温度、更有准度

服务对象的个案救助过程，体现出了政社协力的重要性，南调街道党工委、乾塘镇党委、乾塘镇敬老院、湛江南油医院、南调街道海盛社区、南调街道社工站等多方发力，才得以解决服务对象的居住和就医问题。南

调街道办统筹调控，积极联系乾塘镇敬老院、湛江南油医院，让服务对象得到紧急帮扶，解决了其居住和就医的问题，体现兜底民生服务的速度和准度。社会工作者认真跟进，开展协助服务对象入院、帮助服务对象完成入院检查、不定期探访服务对象、满足其需求、后期联系护工、跟进护工费用的支付等工作，体现兜底民生服务的温度。在服务的过程中，社会工作者两度申请临时救助，缓解服务对象的经济压力，体现兜底民生服务的力度。

（三）临终关怀，“至少还有我们”

面对着这样具有生命“宽度”但隐瞒秘密、隐瞒重大事件节点、亲人离散、没有家属、没有朋友的服务对象，社工能够做的较为有限，但仍会充分做好服务对象的临终关怀工作，与服务对象建立了良好的专业关系，让服务对象在最后的生命时间里，活得有尊严、有温度。

点评

案例从住房、健康、经济、心理 4 个方面分析了服务对象面临的问题和评估了服务对象的需求，对服务对象的服务经历了危机事件处理、促进服务对象正常就医、临终关怀 3 个阶段，让服务对象成功入住养老院、进入医院获得治疗，并申获临时救助，为其提供心理关怀，让服务对象“有温度”地离开人世。这个案例中社会工作者的服务非常“精准”地对接到服务对象的问题和需求，是临终老人介入服务的一个绝佳例子，为临终关怀服务提供了一个范本。

唯一不足的一点是，作者断言“服务对象的性格是导致他如今生活困难重重的主要原因”，这样的认识和判断可能并不利于社会工作者服务的开展。性格虽是后天而成，却常是难以改变的。如果说性格有好坏之分的话，那也是针对某件事、某个人或在某种情境中的“好”与“坏”。换言之，同样一种性格对于某个人、某件事或在某种情境中是“坏”的，对于另一件事、另一个人或换一种情境很可能就是“好”的。另外，服务对象当下生活困难是个人、家庭、社会等因素综合而成的结果，将主要原因归于服务对象的“性格”恐有失偏颇。

案例四：夕阳不落寞
——“双百”社工守护高龄长者

吴川市梅菉街道社会工作与志愿服务协会　黄嘉利、陈华晓

一、背景介绍

（一）基本资料

陈婆婆，户籍吴川市梅菉街道梅山社区，女，95岁，丧偶，无自理能力，未接受过学校教育，无收入来源，是低保对象，居住环境是两层的旧房子，约100平方米，育有一男三女，儿子在8年前因病离世，3个女儿均嫁出去，女儿们都有六七十岁了，服务对象还有两个孙子和两个孙女，均在广州工作，其中一个孙子已经结婚，并生了一个孩子。目前服务对象与儿媳妇、曾孙同住。

（二）接案原因

2018年6月，社会工作者在走访社区时，得知服务对象因摔伤而卧病在床。于是，社会工作者到服务对象家中了解情况，发现服务对象已是95岁的长者，并且是低保对象，当时服务对象完全失去了自理能力，吃喝拉撒都是依靠儿媳妇。服务对象不仅受身体上的病痛折磨，而且心理状态也不佳，情绪十分低落，自我评价极低，认为是家庭的累赘，渴望早点离世。为此，社会工作者决定展开个案介入。

（三）服务对象的生理状况

1. 身体方面

服务对象的发鬓斑白，满脸皱纹，视力减退，听力较好，牙齿已全部脱落，依靠假牙咀嚼；驼背严重，肢体瘦弱，手关节抬不起来梳头发；消化系统衰退，难以正常排便。摔伤腰椎后，将近3个月完全失去了自理能

力。目前服务对象身体逐渐恢复，能借助凳子移动行走，行动困难且缓慢，思维较清晰，能与人正常交流。服务对象近十几年来，因在家中摔倒，手脚伤了 4 次，导致腰椎骨痛。每次摔跤后，碍于医药费太贵，不愿去医院看病，都是在家卧床静养。

2. *饮食方面*

服务对象一天只吃两餐，每餐都是一小碗粥饭，均由服务对象的儿媳妇做好拿给她吃。据服务对象所讲，为了少去厕所而不喝水，一天的喝水量仅依靠喝半碗汤，水果更不会吃。

3. *喜好方面*

服务对象平日大部分时间都是在家看看电视，无其他特殊爱好。

（四）服务对象的心理状况

服务对象由于身体原因，常年无法出门，少与人接触，内心十分孤独寂寞。儿子早逝、服务对象多次摔伤，自身备受打击，认为自己是家庭的累赘，经常把“老了不中用”“都不知道为什么我的命那么长，怎么还不快点离去”“儿子那么早走了，留下这个家庭，我却走不了”等负面的话语挂在嘴边，处于自我矮化、无意义感的状态。

（五）服务对象的社会状况

1. *家庭方面*

服务对象的配偶在二十几年前就去世了，服务对象的儿子在 8 年前也患病去世。但每每说起儿子去世这件事，她都难以掩饰自己心中的遗憾和悲痛，说到动情处就开始流泪。

服务对象目前和儿媳妇、曾孙居住在一起，儿媳妇平时依靠打一些零工来贴补生活，没有固定工作和固定收入。在服务对象摔倒卧病在床的时候，为了让服务对象尽快休养好身体，儿媳妇每天都会买一些好的材料煮汤给服务对象喝。但是，服务对象与儿媳妇的交流较少，缺少精神上的照顾。在服务对象的口中，她对儿媳妇非常理解，说要煮饭给她吃，照顾她，儿媳妇能做到这个程度，她也很欣慰了。

服务对象的 3 个女儿嫁得不远，但她们不会骑车，都是走路过来探望，需要花费较长时间，且女儿们都有六七十岁了，有自己的家庭需要照顾，不能常来。在服务对象卧病在床时，女儿们会买膏药给服务对象贴腰椎骨，每月都会来给服务对象梳头、擦洗身体和洗衣服。

服务对象还有两个孙子和两个孙女，均在广州工作，其中一个孙子已经结婚，并生了一个孩子。目前，孩子留在家里给儿媳妇照顾，儿媳妇也不能外出工作了。据服务对象介绍，孙子很关心她，经常打电话回来问服务对象的身体情况，平时回来也会给服务对象买吃的和用的。

2. 社区方面

社会工作者初识服务对象，是在走访过程中，偶遇服务对象坐在家门口与邻里闲聊，来往密切，邻居都十分关心服务对象，服务对象摔伤的事情也是邻居告知社会工作者的。但服务对象摔伤后，服务对象难以出门，邻里来往减少，难以看到昔日邻居们聚在家门口闲聊的场景。

8 年前，在服务对象的儿子去世后，服务对象的孙子以服务对象个人为申请人，向居委会申请最低生活保障。居委会审批通过了该申请，考虑到服务对象的儿媳妇曾经有赌博的不良习性，居委会工作人员将申请的银行账户交给服务对象的孙子保管。

二、分析预估

（一）问题分析

服务对象在生理、心理、社会支持方面存在的问题如下：

1. 生理方面

服务对象已 95 岁高龄，身体状况极差，自理能力低，需要别人照顾其吃饭，独自上厕所都成问题。由于多次摔跤，导致服务对象行走十分困难。为了减轻家庭的经济负担，服务对象摔伤后也不愿意到医院看病。服务对象也时常感到头晕眼花，社会工作者和邻居都遇到过服务对象突然晕倒的情况，独自在家容易发生意外。

2. 心理方面

服务对象与儿媳妇缺少交流，儿媳妇对服务对象的照顾体现在煮好饭拿给服务对象吃上，对于心理的关心几乎没有。服务对象经常独自在家，特别是摔跤后，服务对象十分孤独。又因儿子早逝、邻居的两个老人也相继离开，服务对象多次产生厌世情绪，认为自己无用，是家庭的累赘，渴望离世。

3. 社会支持方面

服务对象的社会支持网络的支持力度比较薄弱。家庭层面，儿媳妇与服务对象缺乏情感交流，孙子们外出打工，一年才回一两次，3 个女儿也只能偶尔来探望。邻里层面，服务对象与邻里关系甚好，邻居们对服务对象都很关心，但服务对象碍于腿脚不便，难以出门，只能每天坐在门口等路过的邻居与自己打个招呼。社区层面，社区居委会为服务对象申请了最低生活保障。

（二）需求分析

根据服务对象的问题分析，得出服务对象的需求如下：

1. 生理方面

服务对象经常病痛，自身需掌握一些缓解疼痛的方法。服务对象缺少自理能力，需要儿媳妇更多的关注和照顾，故儿媳妇需要学习更多的照顾技能。另外，服务对象的儿媳妇不仅要照顾服务对象，也要照顾整个家庭，心理压力较大，需要学会调节情绪，缓解压力。

2. 心理方面

服务对象摔伤后厌世的情绪特别明显，需要社会工作者紧急处理服务对象的危机事件，陪伴其渡过难关，缓解服务对象的孤独、厌世、悲观情绪，找到生命存在的意义。另外，协助服务对象申领临时救助金，减轻服务对象觉得自己成为家庭累赘的心理压力。

3. 社会支持方面

服务对象与家人缺少交流，需要增强家庭支持网络的支持力度；服务对象难以出门，邻里关系逐渐弱化，需要增强邻里互助。

三、服务计划

（一）服务理论模式

1. 危机介入模式

危机介入模式是指针对服务对象摔伤卧病在床、情绪悲观的危急状态而开展调适和治疗的工作方法。危机介入的重要原则：及时处理、限定目标、注入希望、提供支持、恢复自尊、培养自主能力。危机介入模式的特点：①迅速了解服务对象的主要问题；②快速做出危险性判断；③有效稳定服务对象的情绪；④积极协助服务对象解决当前问题。

2. 社会支持理论

社会支持理论是指一组个人之间的接触，通过这些接触，服务对象得以维持社会身份并且获得情绪支持、物资援助和服务、信息与新的社会接触。

依据社会支持理论的观点，一个人所拥有的社会支持网络功能越强大，就能够越好地应对来自环境的各种挑战。社会支持网络分为正式支持与非正式支持。正式支持体系主要是由政府的老年工作组织机构、涉老组织机构构成的，主要包括贫困救助、危机干预、生活照料、老年人权益保障等多方面的内容。非正式支持体系主要有三类：一是家庭成员对父母的养老支持；二是亲属对老年人的支持；三是非亲属对老年人的支持。非正式支持主要包括经济支持、生活照料、情感支持、精神慰藉等。

3. 人生回顾疗法

基于缅怀往事是老年期生活自然而然的一部分的假设，巴特勒发展出了一套人生回顾概念体系，来帮助老年人重新评估一生中的好事、坏事，调和失败和成功。通过这一方法，老年人能从过去的经历中发现新的意义，从积极的角度看待这些经历，并获得老年生活的满足感。

人生回顾疗法能帮助老人面对人生危机，如患病，让老人从一生的角度来看待现有的疾病，让他们看到身体不好只是自己一生中很小的一部分，避免他们以此否定自己的整个人生，陷入自卑自怜。人生回顾疗法对于要找寻人生意义和目的的老人或许最有帮助，他们可以从过去的成就中肯定自我。

（二）服务目标

（1）协助服务对象解决危机，陪伴服务对象应对危机事件，给服务对象注入希望。

（2）缓解服务对象照顾者的压力，提升服务对象照顾者的能力。

（3）协助服务对象向街道办申请临时救助，缓解服务对象因摔倒引起身体不适的经济压力。

（4）在危机结束后，引导服务对象调适心理，积极应对，通过人生回顾疗法，与服务对象共同回顾人生历程，寻找自我存在的价值，缓解其厌世情绪。

（5）增强服务对象的社会支持网络的支持力度，加强服务对象与家人、邻里的互助，特别是遇到紧急事件时的互助。

（三）介入策略

运用危机介入模式理论、社会支持网络理论和人生回顾疗法三者结合的方法。

运用危机介入模式处理服务对象摔跤的紧急事件，依据危机介入模式的4个特点开展服务：

（1）迅速了解服务对象的主要问题。服务对象因摔伤卧病在床，生理和心理均受到影响。

（2）快速做出危险性判断。因卧病在床，完全失去自理能力，身体的病痛和长期情绪低落使服务对象加剧厌世情绪。

（3）有效稳定服务对象的情绪。社会工作者制订个案跟进服务计划，通过长期的跟进陪伴，提升服务对象的自我评价，缓解服务对象的负面情绪。

（4）积极协助服务对象解决当前的问题。具体表现在依据社会支持网络理论，将正式网络与非正式网络相结合，正式网络主要是向街道办申请临时救助，非正式网络主要是增强家庭成员、邻里、社区的支持。运用人生回顾疗法，帮助服务对象面对摔跤这一人生危机，让服务对象看到身体不好只是自己一生中很小的一部分，避免服务对象以此否定自己的整个人生。除此之外，人生回顾疗法还能帮助服务对象找寻人生意义和目的，正视生命存在的意义，缓解服务对象的厌世情绪。

（四）服务程序

1. 第一阶段：危机事件的处理（2018年9—12月）

社会工作者针对服务对象的紧急事件，做出了以下安排：

（1）迅速了解服务对象的主要问题。2018年9月，社会工作者发现服务对象卧病在床，情绪十分低落，社会工作者向服务对象的家人了解具体情况，得知服务对象为了节省医药费而不愿意到医院看病，认为自己摔跤了是家庭的负担、累赘，渴望早点离世。

（2）快速做出危险性判断。社会工作者了解到服务对象主要是腰椎的问题，建议服务对象到医院做详细检查，但是服务对象不愿到医院，服务对象的家人也劝服不了。为此社会工作者尊重服务对象及家人的做法，家人主要的做法是为服务对象买膏药来贴以及饮食起居上的照顾，家人在照顾上存在经济压力的问题。另外，社会工作者了解到服务对象陷入了自责、悲观的情绪，需要社会工作者的介入。

（3）有效稳定服务对象的情绪。针对服务对象自责、悲观的情绪问题，社会工作者给予服务对象陪伴和关怀，每月至少一次探访，缓解服务对象的情绪。通过探访给予陪伴，服务对象的情绪逐渐有了改善，缓解了其自责、悲观的情绪。

（4）积极协助服务对象解决当前问题：一是社会工作者与服务对象的家人商讨服务对象的护理计划，查阅相关资料，告诉服务对象的家人该如何对服务对象进行照顾；二是协助服务对象的家人为其申请临时救助，缓解家庭的经济压力。

2. 第二阶段：增强其家庭支持力度和丰富社区支持网络（2019 年 3—9 月）

2019 年 3—6 月，增强家庭支持力度。服务对象的伤势好转后，社会工作者与服务对象的家人会面，向服务对象的家人分析服务对象目前的情况。让服务对象的家庭成员采取相对应的服务方式：①儿媳妇：社会工作者提供急救技能的学习，提升其对服务对象的生活照料能力。②孙子孙女：提高打电话给服务对象的频率，提供精神慰藉。③女儿们：给予更多的陪伴，与服务对象分享生活趣事。

2019 年 7—9 月，丰富社区支持网络。①邻里互助网络：联系服务对象周围的邻居一起制作邻里紧急联系簿，当发现服务对象有突发情况，且家中没人的时候，邻居能够及时打电话通知其家人。另外，组织邻里一起参加社工站活动，增强邻里情感，让服务对象得到情感支持，缓解孤独的情绪。②社区支持网络：组织社区的志愿者每个月定期探访服务对象，了解服务对象的身体状况和心理状况，也可邀请社区的曾医生作为志愿者，入户为服务对象做基本的身体检查，让其感受社区的温暖。

3. 第三阶段：通过生命故事访谈，与服务对象共同回顾人生历程，寻找自我存在的价值，正视生命存在的意义（2019 年 10—12 月）

2019 年 10—12 月，社会工作者每月定期与服务对象开展生命故事访谈，访谈内容主要是围绕服务对象一生经历的重大事件、以往遇到困难是如何解决的、家人及友谊的重要性等方面。社会工作者将访谈内容整理成文稿，再整理成服务对象的个人故事。回顾生命历程，对服务对象而言，一是在心理上给予服务对象支持；二是与服务对象共同回顾一生中有意义的事件，增强服务对象对生活的信心；三是告知服务对象，其故事对于教育社区的儿童很有意义，让其感受到自身存在的价值。对服务对象的家人而言，能让他们更了解服务对象的前半生，明白自身对服务对象的重要性，服务对象的家人则愿意给予服务对象更多的理解和陪伴。对于社区而言，服务对象的故事对社区的儿童或者年轻人都有教育意义。

四、服务计划实施过程

（一）初步接触与建立关系

2017 年 7 月，社会工作者在梅山社区开展服务。社会工作者通过走访社区，与服务对象初步接触。2018 年 9 月，社会工作者得知服务对象因摔跤卧病在床，经济条件难以支撑治疗费用，情绪十分低落、悲观，认为自己是家庭的累赘，多次表达出渴望离世等负面话语。

为此，社会工作者与服务对象及家属进行会谈。会谈的时候，社会工作者初步评估服务对象的需要及问题。在界定服务对象的“问题”时，应以服务对象的界定为主，或者是双方讨论的结果，绝不是社会工作者一方界定的结果。会谈过程中，社会工作者向服务对象表明身份，赢得服务对象及家属的初步信任。同时，在会谈时，社会工作者需专注地聆听，给予服务对象支持，关注服务对象隐藏在话语后面的情绪和问题。

（二）搜集资料与问题评估

一是搜集资料，在此过程中注重“人在情境中”，搜集服务对象资料重点是了解服务对象个人、家庭和社区环境的情况以及个人与环境互动的情况。为此，社会工作者在搜集资料的过程中，除了向服务对象本人搜集资料外，还需要向服务对象的家人（儿媳妇、孙子）、所在社区居委会干部、邻居等搜集资料。二是问题评估，在此过程中，社会工作者需要警惕价值观偏见，不然会影响问题评估的准确性。社会工作者在与服务对象访谈的过程中，发现服务对象的问题复杂，难以一下子解决。社会工作者可以从多个问题中选择对服务对象来说最急于解决的问题，这是解决问题的一般性原则。对于服务对象而言，经济援助和心理援助是最迫切需要的。

（三）确定目标和制订工作方案

根据服务对象的问题，社会工作者与服务对象共同制定出明确的目标，此目标应与服务对象解决问题的能力相一致。确定的目标如下：协助服务对象解决危机，陪伴服务对象应对危机事件，给服务对象注入希望；缓解服务对象照顾者的压力，提升服务对象照顾者的能力；协助服务对象向街道办申请临时救助，缓解服务对象因摔倒引起身体不适的经济压力；在危机结束后，引导服务对象调适心理，积极应对，通过人生回顾疗法，与服务对象共同回顾其人生历程，寻找其自我存在的价值，缓解其厌世情绪；增强服务对象的社会支持网络的支持力度，加强服务对象与家人、邻里的互助，特别是遇到紧急事件时的互助。

有了目标之后，开始制订工作方案，分为3个阶段进行。前期是协助服务对象解决危机事件，中期是增强服务对象的家庭支持力度和丰富社区支持网络，后期是社会工作者与服务对象共同回顾其人生历程，寻找其自我存在的价值，正视生命存在的意义。

（四）执行计划

在执行计划的过程中，社会工作者扮演了多种角色。社会工作者协助服务对象的女儿为服务对象申请临时救助，把国家政策链接到服务对象的家中，社会工作者在其中充当了资源链接者；社会工作者为服务对象提供心理支持，疏导服务对象的不良情绪，让服务对象正视自己的一生，找到自身的价值所在，此时社会工作者扮演治疗者的角色；社会工作者组织社区志愿者探望服务对象，举办邻里茶话会，制造机会增进服务对象与家人、邻里的交往程度，此时社会工作者扮演了平台搭建者的角色；除此之外，社会工作者还对服务对象的家人进行能力提升，提升服务对象的儿媳妇作为照顾者需具备的能力。

在执行计划过程中，并非一切能按照原有的计划进行。比如，一是服务对象在计划执行期间再次摔跤，这是社会工作者难以预料的，社会工作者需要时刻根据服务对象的改变而调整计划。二是社会工作者在组织邻里开展茶话会的时候，服务对象却因身体缘故难以参加活动。为此，社会工作者组织邻里一起探望服务对象，间接实现设定的目标。

五、总结评估

经过社会工作者9个月的跟进，服务对象在生理、心理和社会支持方面均有了改善，服务对象往一个稳定的状态发展。为此，社会工作者决定结案与评估。

（一）生理方面

（1）开展个案服务前，服务对象身体状况极差，自理能力低下，需要别人照顾其吃饭，独自上厕所都成问题。由于多次摔跤，导致服务对象行走十分困难。为了减轻家庭的经济负担，服务对象摔伤后也不愿意到医院治疗。通过社会工作者的介入，社会工作者与服务对象多次会谈，使服务对象逐渐改变了看法，开始重视自己的身体状况。服务对象的改变体现在以下三个方面：一是社会工作者协助服务对象学习并掌握手指操；二是当发生再次摔跤时，服务对象愿意到医院检查；三是社会工作者链接吴川市第二人民医院的医生为服务对象义诊，使服务对象知悉自己的身体状况，服务对象为此十分感恩。目前，服务对象的身体已基本康复，可以自主下床活动，能够自己吃饭并洗碗，但洗澡仍需要家人的协助。

（2）服务对象时常感到头晕眼花，社会工作者和邻居都遇到过服务对象突然晕倒的情况，服务对象独自在家容易发生意外。为此，社会工作者与服务对象的儿媳妇会面，向服务对象的儿媳妇分析服务对象目前的情况，向服务对象的儿媳妇传授日常的急救知识，提升照顾者（服务对象的儿媳妇）的照顾能力。目前，照顾者已掌握基本的急救技能。

（二）心理方面

开展个案服务前，虽然服务对象与儿媳妇同住，但缺乏交流，且服务对象的儿媳妇需要外出工作，导致服务对象经常独自在家。摔跤前，服务对象还能走出门外与邻居们聊聊天；摔跤后，服务对象只能在家活动，唯有期盼女儿们或邻居来家里和自己说说话，内心十分孤独。女儿们忙于照顾自己的家庭，难以陪伴在服务对象身边，导致服务对象容易有冷落感。同时，服务对象认为自己摔跤造成了家人的经济负担和照顾压力。因此，服务对象多次产生厌世情绪，认为自己无用，是家庭的累赘，渴望离世。针对服务对象的问题和需求，社会工作者采取危机介入模式、人生回顾疗法和社会支持网络理论三种手法相结合的方式。一是协助服务对象的女儿为服务对象申请临时救助，一定程度上减轻了服务对象成为家庭累赘的心理压力，同时增强了其照顾者的信心；二是社会工作者每月至少两次探访，提供心理支持，陪伴其走过低谷期，为服务对象做一些力所能及的事情，比如梳梳头发，让服务对象感受到温暖；三是社会工作者与服务对象开展生命故事访谈，共同回顾服务对象的生命历程，帮助服务对象面对摔跤这一人生危机，让服务对象看到身体不好只是自己一生中很小的一部分，避免服务对象以此否定自己的整个人生。如今，服务对象已经能坦然面对摔跤这一事件，并把社会工作者当作自己的亲人一样，积极主动与社会工作者分享自己的故事，时常露出开心的笑容，把“你们真是有心”“工作顺利，步步高升”等正面向上的话语挂在嘴边，对生活再次燃起了希望。

（三）社会支持方面

个案服务前，服务对象的家庭支持程度不足，与家人缺少交流，邻里关系逐渐弱化，与外界的接触少。经过社会工作者的介入后，增强了服务对象的家庭支持力度和丰富了社区支持网络。家庭层面：一是服务对象与儿媳妇的关系得以改善，其对服务对象的生活照料能力提升；二是服务对象的孙子孙女回家陪伴服务对象的频率高了；三是服务对象的女儿们隔天轮流来照顾服务对象，给予服务对象陪伴。社区层面：一是组织社区的志愿者探望服务对象，让服务对象感受到社区的人对自己的关心；二是组织邻里开展茶话会活动，共同制作紧急联系簿，活动后组织邻里一起去探望服务对象，让服务对象感受邻里之间的温暖；三是组织社区居民开展冬至活动，为服务对象送去姜饭和饺子。社会层面：一是链接吴川市第二人民医院的资源，为服务对象义诊；二是链接吴川市中力志愿服务队的资源，为服务对象送去节日的慰问品和祝福；三是链接梅菉街道办的资源，为服务对象送上米、油等物资。

通过家庭、社区、社会 3 个层面，真切让服务对象感受到家人、邻居乃至社会的热心人士对自己的关怀，得到情感支持，缓解孤独情绪。

六、专业反思

（一）社会工作者真正同理服务对象的感受，给予充分的心理支持

对于服务对象来说，自身行动不便，很多事情不能独立完成，常常需要依靠别人，同时又不想给别人增添负担，所以经常会有不自信的时候。对于社会工作者来说，为服务对象梳梳头、量血压、谈谈心，其实都是轻而易举的行为。若是有人能经常主动为服务对象做些事，让她感受到关爱和照顾，服务对象心里也会充满力量。这样互动的频率高了，服务对象也会逐渐地从“羞于接受社会工作者的帮助”的心理，转化为“接纳年老身体变化的现象，欣然接受他人照顾”。陪伴对于服务对象来说，比任何物资上的直接给予更重要。社会工作者陪伴服务对象，与服务对象谈心，服务对象感觉日子更好过了，增加了与外界接触的机会，生活也更丰富多彩了。

（二）社会工作者需准备多个方案应对开展长者服务的不确定性

开展长者领域的服务，会有很多难以预估的事情发生，特别是长者的身体状况。为此，社会工作者需要准备多个方案，当服务对象由于身体缘故难以参加活动时，社会工作者则要启动预备方案。

（三）将服务对象的家庭成员引入服务网络，增强家庭支持网络的支持力度

社会工作者不可能长久陪伴，把服务对象的家庭成员引入服务网络极其重要。在茶话会活动中，社会工作者邀请服务对象的儿媳妇参加活动，活动的氛围一定程度上减轻了作为照顾者的压力。活动过程中儿媳妇也能学习居家安全的知识，对服务对象而言，这是一种家庭支持。当服务对象跌倒的时候，对服务对象来说，不只是身体上的折磨，更多的是情绪上的自责、悲观。为此，社会工作者需要告知家属，此时家人仅提供生活上的照顾是不行的，情感上的支持更为重要。对服务对象来说，家人的关心和

陪伴，都是服务对象生活下去的动力。社会工作者发现，刚开始跟进个案时，儿媳妇与服务对象的互动不多，以服务对象的曾孙子为契机，可以一定程度上增加儿媳妇与服务对象的互动频率。社会工作者在跟进服务时，也会和服务对象的儿媳妇进行简单的交谈。久而久之，儿媳妇在社会工作者的带动下，也增加了对服务对象的关注力度，社会工作者用互动影响儿媳妇行为上的改变。

（四）运用人本主义模式，让服务对象看到自身的优点

社会工作者在开展生命故事访谈时，面对产生厌世情绪的服务对象，社会工作者需要不断强化服务对象的自信心，发现服务对象身上的闪光点，并且积极回应服务对象的经历、挑战性事件。另外，社会工作者需挖掘服务对象与他人的联结，比如同辈群体、下一代的亲属等，让服务对象感知自己存在的意义，而不是一味否定自己的人生，协助服务对象成长，更坦然地去面对自己的一生。

（五）运用访谈技巧，合理控制与长者服务对象的访谈时间

开展访谈的时候，当服务对象回忆到伤心难过的事件时，社会工作者应及时停止追问，转移话题，防止服务对象深陷悲伤的情绪中。要注重引导服务对象从不好的经历中发掘积极方面，从中汲取宝贵的经验，运用优势视角去看待事物。若服务对象是老年人，访谈时间应控制在 40~50 分钟，时间太久会让服务对象过于疲惫。

（六）精准链接社会资源，进行个案救助

由于社会工作者对服务对象的情况有了深度的了解并记录在案，当社会资源能够在一定程度上帮助服务对象，社会工作者能准确快速地将服务对象的需求信息提供给资源提供方，在一定程度上能缓解服务对象的经济压力，让其感受到来自社会的关爱。

（七）社会工作者在链接社会资源时，需要考虑资源提供方的立场和工作原则

针对服务对象高血压的情况，社会工作者联系了本社区的曾医生，询问其是否方便为服务对象上门做个身体检查，曾医生回应道：若是五保户，他很乐意；服务对象是有家属的，作为医生，他不便主动上门提供服务，这不是简单的作为志愿者的公益行动，是需要承担责任后果的。虽然其也很想让服务对象感受到社区的温暖，但实属无奈。由于曾医生是在职的医生，在家属没有邀请，院方没有安排的情况下，若其私下为服务对象提供服务，是不符合工作准则的。为此，社会工作者可邀请对接本社区的家庭医生，作为志愿者，为服务对象进行例行检查。

点评

案例分析了服务对象在生理、心理和社会方面的问题和需求，针对这三方面的问题和需求，社会工作者协助服务对象处理危机事件、增强家庭支持程度和丰富社区支持网络、进行生命故事访谈回顾人生历程以寻找和提升自我价值，最后社会工作者对长者服务、访谈技巧、个案救助、链接资源等方面进行了反思，并对未来如何进行老年人社会工作服务提出了切实可行的建议。

案例还存在以下两个问题，一是从身体、饮食、喜好三方面分析服务对象的生理状况，“喜好”应列入心理状况而不是生理状况。二是诸如“心理状态不佳”“情绪十分低落”“自我评价低”这样的描述和判断可能只是观察者的认知，不一定是服务对象的感受和体验；服务对象谈及逝去的孩子时，“难以掩饰遗憾和悲痛”“说到动情处就开始流泪”这样的反应是常态的反应，“悲痛”“流泪”不应该被拒绝，要被允许，因为“悲痛”“流泪”说明逝者于服务对象而言是具有重要意义的，对于无关的人去世我们可能并不会“悲痛”“流泪”。

案例五："多方协力，解困长者"

——疫情期间危机介入独居长者紧急就医难题

湛江市坡头区南调街道办事处　沈丹萍

一、背景介绍

（一）个案信息

陈伯，户籍湛江市坡头区南调街道陈芝山村，男，87 岁，无劳动能力、无生活来源、无法定赡养义务人，是南调街道特困供养对象，独自居住约 100 平方米的平房。服务对象自身具备一定的行动能力和自我意识，除了听力有所下降外，生活都能自理，平常会手工织鸡笼到坡头圩售卖。最近两年身体状况每况愈下，尿酸高使他的手脚关节疼痛，实在熬不住时才求助邻居。虽然邻居潘姨带服务对象到诊所打针，但治标不治本。疼痛缓解后服务对象回到家中休息，下次还会因为饮食不当等原因带来疼痛。由于独居无人照顾，病痛让他的生活质量大打折扣。为了不麻烦别人，服务对象很多时候都是强忍疼痛生活，情绪逐渐低落，对生活失去了信心。2021 年 2 月，在疫情期间，陈伯发高热至 39℃，凌晨 5 点冒雨去敲村长的门救助，村长联系了村委会，从而找到了社工。

（二）服务对象的住房状况

服务对象独自居住在约 100 平方米的平房中，一房一厅带有厕所、厨房和小院子。房间还算干净，家中家具很少，一张桌子、一张床、一张长凳，没有电视。最近下雨天气，小院内长起了小草，服务对象也无力打理。

（三）服务对象的经济状况

服务对象是特困人员，每月领着 882 元的特困供养金生活，平常会自己手工织鸡笼到坡头圩售卖来补贴家用。

（四）服务对象的生理状况

服务对象87岁高龄，血糖血压正常，除了听力有些下降外，基本能够生活自理，但近些年因尿酸高，痛风严重，手脚肿得厉害，没办法行走。疫情期间，服务对象发高热至39℃，急需入院接受治疗。

（五）服务对象的心理状况

服务对象独自居住，内心十分孤独，最近因病痛折磨，无力求医产生了无助感，失去了生活信心。

（六）服务对象的社会状况

1. 家庭方面

服务对象是特困老人，村中的亲戚均已不在。有一个外甥女，服务对象一般不麻烦她，只有紧急情况才会借邻居的手机给外甥女打电话。

2. 社区方面

村长家在服务对象家隔壁，服务对象有困难时会求助村长，村中有几位热心阿姨看服务对象独居可怜，经常关心、帮助服务对象。

二、分析预估

（一）问题分析

1. 经济困难

服务对象为特困户，目前除了基本的生活开支外，还面临痛风治疗费用及住院护工的护理费用，难以承担。

2. 日常照顾问题

服务对象尿酸高，手脚肿胀严重，生活无法自理，只有一个外甥女抽空过来看望，没有人照顾，服务对象也不敢住院接受治疗。

3. 情绪问题

服务对象为孤寡独居老人，内心非常孤独。自痛风后，生活自理能力下降，内心的无奈与无能感充斥心头。服务对象不敢住院治疗，不想离开家，担心不能适应住院生活，无人照顾，长期的疼痛感会消磨他的求生意志，有厌世的情绪。

4. 社会支持系统支持力度不足问题

（1）家庭方面：服务对象目前来往的亲属仅为其外甥女一家，与其他亲属已失去联系。虽然还有寥寥几个远方亲戚，但几乎没有往来。但外甥女一家对服务对象的关怀有限，自服务对象痛风以来，到访的次数少之又少，家庭支持网络十分单薄。

（2）社区方面：服务对象自身对政策资源不熟悉，服务对象根本不知道社区现有的资源，也不知道该如何运用这些资源。

（3）邻里方面：服务对象来往朋友不多，邻里支持网络未搭建起来。

（二）需求分析

1. 获得医疗救助和社区照顾的需求

服务对象发高热，且痛风手脚肿胀严重，如独自一人居住可能发生更严重的居家安全事故。因此，服务对象在获得医疗资源和社区照顾上的需求显著。

2. 获得情感支持，增强生活信念的需求

服务对象两年前有痛风经历后，生活变得不能自理，孤苦无依，内心无用感倍增，产生了轻生念头。因此，服务对象有重新恢复生活自信心的需要。

3. 搭建社会支持网络，提升资源使用能力的需求

服务对象由于自身文化水平不高，目前仅仅有特困救助这一社区支持资源，这对于其解决目前所面临的困境相当不利。因此，服务对象必须建立起自身的社会支持网络，提升自身利用资源解决困境的能力，才能有效解决及应对目前的问题。

三、服务计划

（一）服务理论模式

1. 危机介入模式

危机介入模式是指针对服务对象发高热、手脚肿胀、生活无法自理的

危急状态而开展调适和治疗的工作方法。危机介入的重要原则：及时处理、限定目标、注入希望、提供支持、恢复自尊、培养自主能力。危机介入模式的特点：①迅速了解服务对象的主要问题；②快速做出危险性判断；③有效稳定服务对象的情绪；④积极协助服务对象解决当前问题。

2. 任务中心模式

任务中心模式把服务介入的焦点集中在为服务对象提供简要有效的服务上，帮助服务对象在有限的时间内实现已选定的明确目标，任务就是服务对象为解决自己的问题而需要做的工作。根据任务中心模式理论，服务对象目前遇到的问题就是住院治疗带来的经济压力。

3. 社会支持理论

社会支持指的与社会的接触，通过这些接触，服务对象得以维持社会身份并且获得情绪支持、物资援助和服务、信息与新的社会接触。依据社会支持理论的观点，社会支持的增加，会使人们的心理健康显著提高，一个人所拥有的社会支持网络的支持力度越强大，就能够越好地应对来自环境的各种挑战。社会支持网络分为正式支持与非正式支持。正式支持体系主要是由政府的老年工作组织机构、涉老组织机构构成的，主要包括贫困救助、危机干预、生活照料、老年人权益保障等多方面的内容。非正式支持体系主要是家庭、亲属、邻里对老年人的支持。非正式支持主要包括经济支持、生活照料、情感支持、精神慰藉等。

（二）服务目标

1. 总目标

链接资源，让服务对象能够及时得到治疗，缓解病情，恢复健康，以社会支持理论为视角协助服务对象入院适应，并帮助服务对象在院内进入新的社会支持网络。

2. 分目标

（1）协助服务对象解决高热危机，陪伴服务对象应对危机事件，给服务对象注入希望。

（2）为服务对象解决住院产生的费用，解决住院期间的饮食和看护问题。

（3）帮助服务对象熟悉医院环境，以适应院内客观生活环境，缓解服务对象因入院不适应而产生的负面情绪，帮助服务对象恢复生活自信心。

（4）发掘并整合服务对象自身及周围资源，增强服务对象的社会支持网络的支持力度，加强服务对象与家人、邻里、社区的互助关系，提升服务对象在紧急情况求助的能力。

（三）服务策略

前期：采用危机介入模式，紧急送服务对象就医，保障其生命安全。根据任务中心模式，解决服务对象的住院费用难题。

中期：运用支持性技巧，倾听服务对象的心事，引导服务对象大胆表达自己的心事，勇敢面对现有的生活，用优势视角分析服务对象的支持网络，缓解服务对象的不良情绪。

后期：及时保持与服务对象的联系，运用社区服务的专业工作方法为服务对象提供服务，通过社会工作者的协调和构建同辈支持网络和链接当前资源，协助其找回自信，扩大服务对象的社会支持网络。

（四）服务程序

1. 紧急介入阶段

结合服务对象现有的特困人员身份，联合村委以及街道公共服务办等部门，以生命第一为原则，优先解决服务对象的发热就医问题，紧急送服务对象就医，办理相关住院手续，保障服务对象的生命安全。为服务对象申请临时救助，帮助服务对象排除障碍，解决其住院期间的饮食和看护问题。

2. 服务关系建立阶段

通过多次探访，与服务对象沟通，了解服务对象的需求，预估服务对象的问题，通过其邻居、所在村委会以及街道了解服务对象的背景资料，做好问题分析与需求评估，通过社工的真诚服务取得服务对象的初步信任，建立服务关系。

3. 制订计划阶段

社工和服务对象、村委以及街道共同制订计划，通过多方商讨制订行之有效的服务计划，提高服务效率与成效。以多方参与的形式，让服务对象感受到自己是被重视的，强化其面对目前困境时的信任，调动其配合社工开展服务的积极性。

4. 服务跟进阶段

服务对象因病生活不能自理，加之无人照护从而产生抑郁、焦虑、紧张情绪，需要进行心理调适。社工定期跟进服务对象的心理问题，成立探访“社工+村委+亲属+村民”小分队，通过安排探访员定期探访，动员服务对象的外甥女为服务对象制作其喜爱的食物，创造机会让服务对象与医院的护士、其他老人交往，逐渐搭建服务对象的社会支持网络，让服务对象在完善的网络中得到支持，促使其心态积极变化，重燃生活的信心。

四、服务计划实施过程

（一）疫情期间，紧急联动将高热 39℃的服务对象送院就医（2022 年 2 月）

疫情期间，陈伯在家发热至 39℃，急需送院就医，社工进行危机介入，联合村委以及街道公共服务办等部门，以生命第一为原则，优先满足服务对象的发热就医需求，紧急送服务对象就医。了解到村长就住在服务对象的隔壁，社工联合村长和村委送陈伯就医。到达医院后，社工忙前忙后为陈伯办理住院相关手续，直到陈伯得到妥善的安置后才离开医院。

（二）为陈伯申请临时救助，为其提供周全保障（2022 年 3 月）

考虑到陈伯多次提及的住院费用等问题，社工向陈伯说明，陈伯是街道的特困人员，住院的费用不用担心，由政府兜底，大部分都能通过医保报销，让陈伯在医院安心养病。对于住院产生的饮食等其他费用，社工表示会及时与村委对接，结合服务对象特困户的身份，收集住院发票等票据，准备相关资料帮助服务对象申请临时救助，争取服务对象能够获得政策资源帮扶。

（三）定期探访，成立“社工+村委+亲属+村民”探访小分队，关注并及时处理服务对象的住院需求（2022 年 2—3 月上旬）

考虑到陈伯发热加上手脚肿胀，生活无法自理，社工向村委会、邻居了解陈伯的背景情况。社工了解到陈伯外甥女偶尔会来看望他，村里有位热心村民（潘姨）几乎天天都来看望他，于是社工利用陈伯周边的资源，临时组成了“社工+村委+亲属+村民”的探访小分队，定期探访，跟进陈伯的身体康复状况和住院情况，倾听陈伯的心事，并及时处理。在探访过程中，社工运用倾听、支持的技巧，与陈伯进行深入的交谈。社会工作者了解到陈伯脚部肿胀，无法下床，打消炎针，没有胃口吃饭，没有力气下床上厕所等。在潘姨的介绍下，为陈伯找到了护工，并交代护工按照陈伯的喜好安排三餐饮食。社工还动员陈伯的外甥女为陈伯制作喜欢的食物，让陈伯感受到了亲情的温暖。村委会的干部还给陈伯带来临时救助申请进度的消息。在探访小分队的陪伴和护工的护理下，陈伯烧退了，精神状态也好了很多，手脚消肿了许多，在社工的搀扶下，其能够在医院的阳台上走两圈。看到服务对象的康复，探访小分队的组员都很开心，在医生的建议下，办理了出院，危机得以解除。

（四）整合资源，使服务对象获得社区、亲属、邻里支持（2022年3月中旬）

服务对象退热出院回家后，由于手脚痛风肿胀，还不能很好地自理，陈伯的精神不是很好，表现为嗜睡、手脚无力等。社工见状后，联系亲属和邻里，共同沟通服务对象的治疗与生活问题。其外甥女表态说自己事情很多，没有时间照顾他。邻居潘姨也表示，陈伯的身体还没有完全康复，又没有人照顾他，不敢让他自己在家，他痛风的症状还很严重，潘姨也没有办法，不知带他去哪里看。于是社工将陈伯的情况向街道公共服务办主任反馈，主任联系了坡头某家中医理疗医院，医院愿意免费为服务对象提供帮助。

（五）引导服务对象正确看待住院，让服务对象做好住院前的思想准备（2022年3月中旬）

社工将这消息与服务对象及其外甥女商讨，大家都同意了这一方案。观察到服务对象情绪状态趋于稳定，社工联系了服务对象的外甥女以及与服务对象关系较好的邻居，一同试着与服务对象商量是否住院治疗。一开始服务对象比较抗拒，刚刚出院又要住院，担心住院没有人讲话，生活不便等不能适应。社工跟服务对象介绍医院的情况，并表示医院距离家只有两公里，就在坡头圩附近，大家有空都会过去看他，并告诉他院内大部分都是老人，医生也很亲切热心，三餐有人送到病房，环境舒适安静，有利于病情的康复。外甥女列举了其他与服务对象差不多情况的老人入住养老院后生活状态都有好转。邻居则说他自己在家无人照顾，大家都很担心，希望他住院治疗等完全康复再回到家中。听了大家的建议后，服务对象内心的顾虑得以放下，最终答应入院接受治疗。于是社工连同村民为服务对象收拾住院行李，包括换洗的衣服、常吃的药物、喝水的杯子等，潘姨开了自家的三轮车，与社工护送服务对象到医院。当天上午，顺利办理了住院手续。

（六）做好入院适应介入，让服务对象能够尽快适应院内生活（2022 年 3 月下旬）

考虑到服务对象性格内向，较少主动与人交往，不能适应新的院内环境，导致精神状态低落。社工带领“社工+村委+养老院+亲属+朋辈”的探访小分队，轮流探访，让服务对象能够得到轮番陪伴，协助其顺利度过入住院舍生活的过渡期。首先，带领服务对象做住院前身体检查，社工根据医生的安排，借来医院的轮椅，推着服务对象去做核酸、心电图、CT、B 超等身体检查，帮助服务对象在医院建档。在此过程中，社会工作者向陈伯介绍院内的环境，便于陈伯后期的走动。其次，社工向护士咨询院内的用餐时间与用餐方式，为服务对象办理了餐券，每天固定时间工作人员会送餐至病房，陈伯只需提交一张用餐券即可，解决了服务对象的用餐问题。再次，社工与同病房的阿伯沟通，希望他们两个病友间相互关注，互相帮忙。最后，社工向护士和护士长说明服务对象的基本情况，希望他们更多地关心陈伯。在社工的陪伴下，陈伯渐渐适应了院内的生活。

（七）安排探访员定期探访服务对象，对服务对象进行持续跟踪（2022 年 3 月下旬至 5 月）

随着服务对象情绪逐渐稳定，服务对象和院内其他病友建立了良好的关系，其对生活的信心得以恢复。社工告知服务对象以后会安排一名探访员定期来看望服务对象。如果服务对象有需求，也可以随时通过社区探访员找到社工反映。

五、总结评估

（一）目标达成情况

经过社工的多方联动后，服务对象被紧急送往医院就医。在社工的帮助下，服务对象获得临时救助。服务对象高热已退，并以特困人员的身份在中医理疗医院养病，获得了正规的社区照顾和医疗养护。社工的陪伴服务也让服务对象获得了情感支持。服务对象每次看到社工到访，都会很开心。在服务过程中，社工动用了社区的正式与非正式资源，有效协助其重建社区支持网络，缓解服务对象的无助感。

（二）服务有效性

在服务效果方面，社工采用了观察法、访谈法等方式。在社工危机介入后，服务对象发高热得以就医，生命安全得到保障，其反映的诉求已基本得到回应。在服务对象成功入住中医理疗医院进行痛风治疗后，就医和日常看护需求已得到解决。经过访谈医院的医生和护士，社工也了解到服务对象的情绪已趋于平稳，能够以乐观心态面对医院的生活。

（三）获得的认可度

服务对象是一个不善言辞的老人家，但社工持续的陪伴，让其有了亲人般的陪伴。在社工的带动下，服务对象的邻居时刻关心服务对象的住院情况，外甥女也不时看望服务对象。亲属邻里间的联系增多，让服务对象有了被人关心、被人重视的感觉，内心的孤独感得到了有效的缓解。服务对象目前很满意、很享受当下的生活，每次见到社工都会面露笑容。

六、专业反思

（一）对长期住院服务对象需求评估和服务提供的动态性与持续性

针对长期住院的服务对象，对其服务开展时间较长。一方面，服务的开展不仅仅是聚焦他们当下可能面临的困难或需求，而更多的是协助服务对象梳理过去，聚焦现在并思考未来，形成服务的递进性；另一方面，服务开展过程也是一个不断评估其需求的动态过程。因此服务过程也需要不断评估，服务内容及方式也根据其需求进行调整，从而形成动态性、持续性的需求评估和服务。

（二）建立关系是服务的开始，却又贯穿整个服务过程

社工往往希望在服务开展初期，与服务对象建立专业的关系，让服务对象信任自己，便于开展服务。在个案跟进的过程中，社工会因为开展了专业的服务，才获得服务对象的信任。在本案例中，社工紧急介入服务对象高热就医难题，正是社工一步一步帮助服务对象，解决服务对象的需求，才走进了服务对象的心里，关系才得以建立。所以说，做永远比想更重要，服务的过程也是建立关系的过程。

（三）注重发现并利用资源，让专业的人做专业的事

反思整个个案过程，对住院的长者而言，应侧重为其提供个案管理服务，即由跨专业跨部门的不同工作人员组成个案管理团队对长者开展个性化服务。专业性护理，由护士提供；生活看护，由护理员提供；康复治疗，由医生提供；心理和社会服务，由社工提供。社工扮演个案管理者的角色，工作重点是找到长者所需要的各项服务提供者，并且增强长者使用资源的动机，促进服务的可行性，使长者能够有效地取得资源，以及运用、发展可用的资源网络。目前，当地缺乏有助于长者养老的养老院，医护人员与社工合作不多，契合度不高。当前仍需要继续创设更利于社工在院舍开展服务的环境，才能为长者提供更加有深度的服务。

点评

案例着眼于服务对象在经济、日常照顾、情绪、社会支持方面的问题，分析了服务对象对于医疗救助、社区照顾、情感支持、搭建社交网络的需求，社会工作者在此基础上进行介入，包括紧急联动送院就医、申请救助、定期探访、搭建支持网络等，让服务对象“老有所养”“老有所安”。最后对服务对象的需求评估、专业关系建立、老年社会工作服务等方面进行了评价和反思。

该案例的社会工作服务模式对于老年人特别是无人可依的贫困老人的服务有借鉴作用，但还存在以下问题：一是问题、需求、介入三大部分并没有一一对应起来，比如服务对象的“经济”问题无法对应到“医疗救

助”需求。二是存在介入措施的有效性问题，如用“定期探访”来解决服务对象的“情绪”问题和满足服务对象“情感支持”的需求，似乎有点“远水解不了近渴”的感觉。三是“服务的有效性”和“认可度”建议采用量化的方式去检测，报告数据结果可能更有说服力。

案例六：一个也不能少

——“双百”社工助力患癌妇女重拾生活的信心

湛江市遂溪县洋青镇社会工作与志愿服务协会　郑景柱

一、背景介绍

(一) 基本资料

服务对象，女，今年48岁，曾患鼻窦癌，化疗导致两边耳朵听力严重下降，影响与人正常交流。现身体常年不适，常伴有咳嗽、失眠，丧失劳动能力，现在家照顾3个孩子的饮食起居，家庭的困难，加上服务对象的遭遇，使其对生活失去信心。

(二) 背景资料

1. 家庭情况

服务对象丈夫D哥（化名）今年52岁，平常在县城打散工维持生计。夫妻二人育有一儿三女，大儿子阿杰（化名）今年12岁，二级智力残疾，仍在读二年级，不会写自己的名字；大女儿今年9岁，小女儿6岁，均就读于本村小学。二女儿7岁，由于家庭负担大，无法抚养4个子女。因此服务对象把二女儿送养。

2. 身体情况

服务对象曾患有鼻窦癌，经治疗后，服务对象身体好转。由于化疗，导致左耳完全失聪，右耳要靠很近才能听到别人的讲话。服务对象大病过后，身体常年不适（常年咳嗽、失眠），无法干重活，只能在家照顾几个孩子的饮食起居。

3. 经济情况

服务对象家庭唯一的经济来源就是靠打散工的丈夫和大儿子的残疾两

项补贴。据服务对象介绍，丈夫没有固定的工作，每月有 1500~3000 元不等的收入，没有活干时就没有收入。

4. 住房情况

服务对象一家五口原来居住在自己的泥砖房子里，但由于房子老化严重，漏雨无法住人。因此服务对象一家才搬回，和家公家婆、叔叔婶婶同住在平房内，没有厕所和洗澡房，一家老小洗澡及上厕所均需要到隔壁邻居家借用。由于距离较远，服务对象的子女们都不愿意来回跑，均喜欢在自家屋外直接小便，导致每每经过门前，都会有很大一股刺鼻尿臊味。

5. 心理状况

服务对象因身体不适、心情焦虑，加上家庭生活困难和缺乏支持，情绪比较消极。当社会工作者走访入户到服务对象家时，服务对象一遍又一遍地诉说着自己家很困难，又说之前乡里说帮她申请贫困户，但至今都没有下文，也不知道怎么回事？是不是帮别人申请了，没有帮她申请。加之其大儿子智力残疾，在本村的学校读书跟不上其他孩子的进度，什么都不会，年年留级。虽然老师和校长没有说什么，但服务对象自己觉得很难受，毕竟只有这么一个儿子，很想做点什么，让儿子学习一点自理技能也好，有所转变，这样做父母的也就不那么担心。但是服务对象又觉得自己没有能力，也不知道怎么办才好。

二、分析预估

（一）问题分析

1. 服务对象对政策的理解存在盲区

服务对象不了解最低生活保障政策，不熟悉申请办理流程，误认为低保是由干部个人意志评定，对村干部产生误解。

2. 家庭最低生活无法保障

服务对象家里目前唯一的劳动力只有她丈夫，但其丈夫工作又不稳定。除 3 个孩子的学习费用和日常开销外，经常都没有钱买菜给孩子吃。因身体不好，没办法种稻谷，大米都是采购。

3. 服务对象的家庭和社会支持网络的支持力度薄弱

服务对象丈夫常年在外打工，很少时间在家，夫妻之间主要是通过电话沟通。如今服务对象的听力不好，有时电话开了免提都听不见。丈夫工作起来也挺忙，有时也无力顾及服务对象的感受。

服务对象患病后身体大不如从前，经常会回忆以前健康的自己，对生活特别有成就感。现在身体不舒服，不能出去工作，无法适从，感觉自己很没用。加上家庭困难，生活压得服务对象喘不过气来，觉得自己家这么穷、这么困难，家里也没有人理，乡里也没人帮。

4. 自我效能感低，生活幸福感低

以前服务对象在广百做服装，整个人看起来挺有福相的，脸上洋溢着笑容。现在的服务对象，没有办法外出工作，整天沉浸在自己困难的情境中，忽视了本身具有的能力，感觉自己没有了价值，个人在家庭和社会的存在感很低，生活比较消极。

（二）需求分析

1. 服务对象掌握和了解政策救助的途径

服务对象表示以前乡干部说过帮她申请贫困户，自己一直没有跟进，至今都没有下文，自己也不懂得如何去申请救助。如今家庭经济困难仍未得到改善，希望能通过申请低保保障家里的基本生活。

2. 确保家庭基本生活保障

服务对象一家仅靠其丈夫打散工以及大儿子的残疾人两项补贴维持生活，无其他经济来源，生活比较拮据，基本生活得不到保障，短期内需要政府和社会对其进行帮扶，改善生活条件。

3. 残疾鉴定需求

服务对象因患癌化疗导致耳朵失聪，影响其与人沟通交流，希望自己能进行残疾鉴定。

4. 希望得到家人的照顾和关怀

服务对象觉得自己家庭困难，家里兄弟姐妹、家公家婆和乡里都没有人支持，缺乏家庭和社会关心。

5. 协助服务对象大儿子入读特殊学校

其大儿子阿杰在正常的学校无法跟上班级的学习进度，服务对象欲送其到县特殊学校就读，想让其多学点知识，以后能够独立生活。

6. 重塑生活自信心，勇敢面对新生活

服务对象因个人身体不好及家庭负担大等原因，整个人消极、焦虑、情绪波动大，失去对生活的信心，觉得自己什么都不好、什么都做不了，和别人不一样，较自卑。

三、服务计划

（一）服务理论模式

（1）任务中心模式认为，要成为可以处理的问题需要具备四个条件：一是服务对象知道这个问题的存在；二是服务对象承认这是一个问题；三是服务对象愿意处理这个问题；四是服务对象有能力处理这个问题，并有可能在服务以外的时间尝试独立处理这个问题。

（2）人本主义认为人的本质是善的，人本身有能力有效解决个人问题。融洽关系建立，致力于协助当事人更加独立，能依照自己的意愿办事。人本主义强调不在于解决当事人的表面问题，而是协助他成长，使他可以有效地处理目前或将来会面对之问题。

（二）服务目标

（1）解读救助政策，让服务对象了解低保办理的流程和条件，消除服务对象对干部的不良印象。

（2）协助服务对象申请低保救助及进行残疾鉴定，使其正常享受国家的政策福利。

（3）协助服务对象为其儿子申请就读特殊学校。

（4）链接政府及社会资源，改善其家庭生活条件。

（5）提供心理支持，助力其重建生活自信心。

（6）增强服务对象家庭、社区支持网络的支持力度。

四、服务策略

一是社会工作者通过协助政府部门落实福利政策，解决服务对象经济困难问题，使服务对象正常享受福利政策。二是整合社会资源，再运用增强权能理论，协助服务对象接纳自己的现状，并认可自己本身的价值和优势，建立自信，树立生活的信心。

五、服务实施过程

1. 第一阶段：清晰地界定问题（4 月）

社会工作者最初是关心和了解其儿子的基本情况和现状的，后来在和服务对象的交谈中，社会工作者的关心和耐心倾听，并认真跟进服务对象所反映的问题，得到了服务对象的信任，然后在进一步了解服务对象的情况，并与服务对象讨论其目前所遇到的困难和问题后，清晰地界定服务对象的主要问题：民政政策解读问题、基本生活保障问题、家庭和社会支持网络的支持力度薄弱问题，以及服务对象对生活失去信心问题，社会工作者积极协助服务对象解决当前问题，同时需要理清解决问题的方法。

2. 第二阶段：社会工作者积极向镇民政办详细了解低保办理流程，积极为服务对象解读政策（4—6 月）

清楚界定服务对象的问题后，社会工作者首先向村委会了解服务对象的情况及服务对象一家是否申请了低保救助。其次社会工作者向镇街领导汇报服务对象的情况，得到镇领导的大力支持，镇民政办工作人员积极为服务对象跟进低保办理事宜。在镇救助经办工作人员的跟进下了解到，服务对象的低保申请资料已经递交县级救助部门审批。因此，社会工作者及时地把跟进了解到的情况及低保申请的相关流程详细地向服务对象解说，使得服务对象了解低保申请的流程，急躁不安的情绪也得到了稳定。

3. 第三阶段：发挥社会工作者的整合力量，协助服务对象落实低保申请残疾人两项补贴（7—9 月）

社会工作者对接镇社会救助经办人员，定期跟踪服务对象低保申请的进度，及时地和服务对象进行有效的沟通。随后社工和服务对象约定评残的时间，和服务对象一起检查评残所需资料是否齐全，陪同服务对象前往SX县残联填表以及到SX县人民医院进行残疾鉴定。鉴定结束后，社会工作者协助服务对象一起把鉴定结果交回县残联，领取残疾证后，社会工作者又陪同服务对象前往镇残疾窗口进行残疾生活补贴申请登记，在残疾专职委员的支持下，提前准备好所需资料，很快就为服务对象完成了生活补贴申请登记。

4. 第四阶段：在镇党委政府的支持下，社会工作者积极整合社会资源，陪伴服务对象渡过难关，坚定服务对象面对困难的信心（5—8月）

社会工作者发现服务对象一家的问题后，首先，向村委会及镇领导反映，寻找政府部门的支持。其次，社会工作者联动镇乡村振兴办公室、镇公共服务办、妇联等部门不定期入户关心服务对象及其家庭，切实关心他们的近况，让他们感受到党及政府的关怀。

社会工作者把服务对象一家的情况向周边的志愿者服务协会说明后，得到县CS志愿者服务协会及爱心商家的大力支持；在“六一”和中秋节期间，社会工作者组织志愿者带领慰问物资入户探访服务对象；服务对象被政府工作人员及志愿者感动，表示自己以后也会加倍努力，调整生活状态，不辜负大家的关怀。

5. 第五阶段：社会工作者积极协助服务对象构建家庭情感支持网络，共同战胜生活困难，树立服务对象对生活的信心（4—9月）

针对服务对象的现状，社会工作者发动其丈夫以及祖婆对服务对象进行劝导，肯定服务对象为家庭的辛勤付出，让服务对象在家庭中的价值得到肯定，激发服务对象乐观面对生活的困难。通过其百岁祖婆的生命历程的分享，服务对象感受其祖婆在之前时代的艰辛。她的分享鼓励服务对象大胆地面对生活的困难，努力克服困难，树立生活的信心。

6. 第六阶段：撬动教育资源，协助服务对象了解特殊学校招生事宜，协助服务对象儿子成功就读特殊学校（4—8月）

社会工作者通过志愿者的介绍，联系到县特殊学校的校长，把服务对象儿子的情况向校长做出说明，了解特殊学校的招生具体事宜及时间节点，旨在帮助服务对象儿子就读特殊学校。社会工作者指导服务对象带领儿子去学校办理入学手续及适应入学生活。

7. 第七阶段：多途径陪伴服务对象，帮助服务对象重拾生活的信心（2021 年 4 月至 2022 年 1 月）

除此之外，社会工作者定期入户关心服务对象。服务开展至今，社会工作者已经添加了服务对象的微信，不定期通过微信和电话的方式去关心服务对象，及时给予服务对象帮助。在陪伴的过程中，社会工作者持续通过专业的助人方法，帮助服务对象意识到自己过度沉浸在困难的情境中是消极的生活态度，协助服务对象正视所遇的困难，接纳现在的自己，并相信自己才是解决困难的主体，相信自己有能力去改变生活的现状，鼓励服务对象勇敢地面对困难，重拾生活的信心。

2021 年 11 月，服务对象告诉社会工作者欲外出务工，社工在沟通中发现服务对象还是过度沉浸在没有患病时的情景中。因此，社会工作者运用自我剖析、鼓励等技巧，先和服务对象一起分析其现状及身体条件，帮助服务对象接纳自己的真实情况（身体不能过度劳累、加班时间不宜过长、耳背与人沟通有障碍等），寻找适合自己的工作，避免盲目寻找不适合自己身体的工作，导致信心受挫。最终服务对象找到工厂，在流水线上做电线的，不需要过多地与人沟通。

由于服务对象太久没有外出务工，在外的衣食住行都需要去适应，社会工作者在这期间不断地通过微信和电话“陪伴”服务对象。当出现饮食偏辣、工厂加班时间不稳定等状况时，服务对象思想都会出现动摇，有打退堂鼓的念头，社会工作者都会耐心和服务对象分析问题，提出建议给服务对象做参考，帮助服务对象适应工作。

六、服务成效

（1）落实救助政策，改善服务对象基本生活情况。在社工的协助和支持下，服务对象分别在 2021 年 6 月和 10 月办理了低保救助和残疾人两项补贴，解决了服务对象基本的生活保障问题，服务对象及其家人都非常感激政府的救助。

（2）社会工作者协助服务对象儿子顺利就读特殊学校并申请贫困生支助，鼓励服务对象定期与特殊学校的老师联系，关注服务对象儿子在学校的适应情况。目前，服务对象与老师的沟通较为频繁，对儿子在学校的情况也较为满意。

(3) 资源整合，在镇党委政府的大力支持下，社会工作者链接了政府内部及社会资源对服务对象进行关爱帮扶。在服务跟进期间，社会工作者与镇工作人员组织筹措慈善资源对服务对象进行关怀探访，为其提供了生活用品及孩子的学习用品，鼓励服务对象及其家人积极面对生活。

(4) 搭建家庭情感支持网络，加强服务对象夫妻之间以及祖婆媳之间的联结，关心、支持服务对象，为服务对象提供家庭支持。

七、专业反思

(一) 社会工作者在服务中如何保持“价值中立”

虽然社会工作者在工作中会遇到各种遭遇困难的群众或边缘弱势群体，有时也会被服务对象的凄惨生活所触动，但是社会工作者不能被植入服务对象的境遇之中。这就需要社会工作者时刻保持专业的价值观，客观地看待服务对象的问题和遭遇，同理服务对象的境况，明确社会工作者在服务中的角色和立场，只有保持“价值中立”，才能更清晰和客观地看待服务对象的问题，从而与服务对象一起分析问题，以便更快地找到解决问题的方法，帮助服务对象。

(二) 如何保证社会工作服务的精准度

在服务的过程中，会出现或遇到很多的其他意外事件或影响因素。这需要社会工作者坚持以人为本，以服务对象最紧急、最迫切的问题和需求出发点，与服务对象共同商量解决问题的策略，尊重服务对象自我决定，切勿把个人的主观意见强加给服务对象，以保证社会工作服务的精准度，而不是盲目采用不恰当的方式开展服务。

(三) 如何平衡社会工作服务中的成效性和时效性

在本案例中，服务对象过度地沉浸在消极的情境中。社会工作者在跟进的过程中，无法保证服务的成效性和时效性，因为改变一个人是很难的，只能通过不断地陪伴和影响服务对象，因此社会工作者与服务对象合作也许会需要很长的一段时间，又或许社会工作者跟进后，没有太大的成效或转变，这就需要社会工作者做好长期服务的心理准备，客观地看待助人服务，并要有“打持久战”的过硬素质。

（四）加强资源整合，助力社会工作者打通为民服务“最后一米”

社会工作者的力量是有限的，仅仅通过社会工作者的力量无法解决困难群众面临的方方面面的问题，社会工作者需要发挥资源整合的作用，联动多部门合作，壮大社会工作者合作支持队伍。

点评

案例的服务对象是癌症患者，因化疗后身体常年不适（咳嗽、失眠），无法赚钱养家，感到无所适从，觉得“自己什么都不好、什么都做不了”。社会工作者采用任务中心模式分析服务对象在经济、孩子教育、网络支持方面的问题和需求，协助服务对象申请低保救助、为孩子解决学校问题、提供心理支持和构建家庭社区支持网络。案例采用的任务中心模式值得社会工作者借鉴，这个模式强调“问题”一定是服务对象认识并愿意处理的问题，而不是社会工作者“认为”的问题，这就保证了“问题”的真实性。因为在某种情境下，针对某个人的问题，换一种情境、换一个人可能就不是“问题”。

这个案例的不足之处是服务成效的评估和描述有些笼统，不够具体，增加一些量化的指标或许能增强案例服务的效果。

案例七：小扶手，大安全

——营造独居老人居家安全社工案例

雷州市龙门镇社会工作与志愿服务协会　洪明星

2019 年 7 月，雷州市龙门镇社会工作服务站驻村后，一直采取与服务对象（困难群体与弱势群体）“三同”（同吃、同住、同劳动）模式、开展“四大任务”（搞好关系、聚起人气、摸清情况、找到方向）相结合的“助人自助”社会工作基本原则，社会工作者为服务对象提供服务，旨在增强服务对象的独立性，而非依赖性。值得注意的是，社会工作者在服务过程中要处于价值中立的位置，我们尊重和接纳不同的价值观，不评判，也不为服务对象做出决定，而是将自决权交予服务对象手中。

一、案例背景

社会工作者通过恒常入户走访 60 户 70~85 岁长者，发现 30 户长者目前是独居的空巢老人，居住环境简陋，缺乏日常生活辅具，在洗浴、如厕、起床等日常生活中，容易存在滑倒、跌倒、晕倒等居家安全风险。

社会工作者通过与长者深入交流了解到，80%长者的子女常年在外务工，子女基本在重要节日才能回家与长者相聚，在其他时间长者基本通过手机与家人联系，发生意外时难以及时求救。同时，90%长者认为子女在外务工赚钱不容易，自己遇到可控性骨折、摔伤时选择隐瞒，不告知子女。社会工作者针对长者居家安全进行文献查阅，收集长者居家安全的基本情况和需求，再简单总结社会工作者如何针对九斗村长者的需求运用社区照顾模式，推进五社联动开展此活动。

二、分析预估

服务对象独居生活，缺乏家庭照顾。服务对象在如厕、洗浴等时容易发生跌倒、摔伤等居家安全风险。因此，安装扶手等设施，为服务对象提供一个方便、安全的环境是非常重要的。卫生间扶手主要是针对独居老人、体弱残疾人士设计的，在服务对象洗浴、如厕等方面能起到安全防范保护作用。

个别服务对象无法安装居家安全设施。在农村，个别服务对象讲究迷信，家中自个安装生活设施等都会看黄历，对于社会工作者而言不存在这些禁忌。由于服务对象缺乏居家安全环境知识，不懂什么是安全扶手，在哪里购买，不懂如何安装安全扶手并且安装需要安装工具，同时不会使用安装工具。因此，居家安全存在隐患，而自己却无能为力，一年当中子女回家过年却每年都不记得此事。

三、服务计划

（一）理论分析

社区照顾是指整合全部社会资源运用正规照顾和非正规照顾让需要照顾的服务对象在家里或社区中得到照顾，过正常生活，加强在社区内的生活能力，达到与社区的融合，并建立一个具有关怀性的社区。强调志愿组织、社区、家庭、个人等多方面共同承担照顾责任等。

（二）服务目标

目标的具体性：

（1）联动志愿者、社区、社区组织、社会工作者和社区慈善组织，为困难独居长者提供居家辅具安装服务，增强居家安全。

（2）通过本次活动搭建一个长者互助平台，营造社区互助氛围。

（三）服务策略

（1）在社区照顾：由社会组织、村委会等提供照顾服务。

（2）由社区照顾：通过本次的活动搭建一个长者互助平台，营造社区互助氛围，形成互助小组。

（3）与社区共同照顾：将非正式照顾与充足的支持性社区服务辅助相结合，使社区照顾持续下去。

（四）社会工作者角色

（1）心理陪伴者：陪伴服务对象聊天，增加生活乐趣。

（2）服务提供者：联动志愿者参与居家安全扶手安装活动。

（3）倡导者：倡导社区居民参与社区照顾，形成邻里互助氛围。

（五）服务程序

1. 建立专业关系

建立良好的专业关系是社会工作的首要任务，要让服务对象了解社会工作者，这样才能建立信任，开展后续工作。

2. 搜集社区资源

在建立专业关系后，社会工作者需要搜集社区资源，通过入户走访、拜访邻里、询问村委会等方式搜集社区服务对象的基本情况，如服务对象的身体情况、家庭情况、生活居家环境等，以便了解服务对象的需求。

3. 制订行动计划

邀请两名社区居民、两名志愿者及互动小组成员和社会工作共同参与行动计划，征求服务对象意见，比如如厕扶手的数量及大小等。提供社区安装如厕扶手的工具（如电钻、螺丝刀等），确保顺利推动工作的开展，确保行动计划的可行性、有效性、可衡量性。

4. 开展社区行动

社会工作者要致力于解决社区的问题，提高社区服务对象居家的安全性，在行动过程中招募社区热心居民、志愿者、村委干部协商确定服务对象，为工作筹措必要的资金或物品。

5. 评估工作成效

只有充分评估成效，才能确保相关工作。社会工作服务站内部小组、社区志愿者及村委会进行本次社工服务评估，评估内容涉及是否达到计划中的预期效果、所取得的成效等。

四、服务计划实施过程

（一）活动准备前

（1）社会工作者通过九斗村委会取得社区60~85岁长者名单及居住地址，社会工作者利用长者名单入户走访建立专业关系，评估社区60~85岁长者居家安全风险与需求。调研、搜集社区70~85岁长者的生活起居情况，全面排查评估独居的空巢老人生活起居环境风险，全面了解服务对象各方面情况（如服务对象身体情况、生活起居习惯、日常生活环境、与邻里的关系等），以便精准评估服务对象的需求。

（2）社会工作者通过恒常社区走访，挖掘社区资源，招募两名社区志愿者参与活动。社会工作者召集安装居家安全如厕扶手的专业人士，与其建立关系并招募两名居民成为社区志愿者，共同参与为独居老人居家安全安装扶手的活动。

（二）制订行动计划

邀请两名社区居民、两名志愿者和社会工作者共同参与计划，征求服务对象意见，协商选购如厕扶手的数量及大小等。整理、链接社区安装如厕扶手等工具（如电钻、螺丝刀等），确保顺利推动工作的开展，确保行动计划的可行性、有效性、可衡量性。通过本次活动的开展，为独居长者搭建互助平台，形成社区互助小组。

（三）活动开展阶段

社会工作者、社区居民、志愿者和村委干部组成的队伍被分成两组开展本次活动，本次活动为期两天。经过精准排查评估、预估服务对象，确定为30户70~85岁的独居老人安装居家安全扶手并且告之服务对象安装时间，使得安装居家安全扶手活动顺利开展。

发动社会力量，构建社会非正式支持网络。社会工作者链接社区非正式资源，发动社会爱心人士，为服务对象搭建居家安全桥梁，解决服务对象生活起居困难，保障服务对象居家生活安全。社会工作者等人结合服务对象起居习惯等挑选适合的安全扶手，确保服务对象在使用过程中得以保障安全，方便服务对象的日常使用。社会工作者利用社区现有资源，结合社区实际情况合理使用社区资源，招募并邀请专业人士使用社区资源为服务对象安装居家安全扶手。

社会工作者联合志愿者、社区提供心理陪伴服务。由于服务对象是独居生活，常年缺少家庭成员的陪伴，社会工作者的到来给他们的生活带来了乐趣，丰富了他们的生活，社会工作者的陪伴已经成为服务对象生活的一部分。黄奶奶说："你们记得时常来看看我，和我说说话，我自己的子女一年也就回来一两次，不像你们可以经常过来陪陪我，而我有时腿脚不利索只能待在家里出不去，一个人天天发呆也不好。"李奶奶说："这回卫生间里安装了扶手如厕就方便多了，之前就因为由于卫生间台阶的高度问题及没有扶手导致摔倒。"

服务对象的话深深地印在社会工作者心里，社会工作者心想：人是不是到了一定年龄后最希望的是能有家人在，时常陪伴自己。任何人在没有人陪伴下生活的话，他身体状况也会越来越差。社会工作者经过入户走访了解到，有一部分老人就是因为身边缺少人陪伴，导致身体越来越差。

温情陪伴，社会工作者合力把爱带回家。随着时间的流逝，其中一名服务对象黄奶奶腿脚越来越不利索，社会工作者通过邻里关系邀请邻里家的老人时常过来陪黄奶奶拉拉家常。面对服务对象独居的生活状况，社会工作者时常联系服务对象的家人，让其常回家看看，在社会工作者多次沟通下，服务对象亲属常回家看望自己的母亲。服务对象更多叨念的是，自己的亲属基本在外，陪伴自己的时间不多，幸亏政府有这项安排，能有社会工作者愿意入村亲近老百姓、陪伴老百姓，服务对象还常叨念着国家也越来越重视老人了。社会工作者对服务对象进行家常回访时，更多的服务对象纷纷表示：政府、党的民政政策越来越深入民心，急群众之所需，感谢政府的关怀。

五、总结评估

社会工作者通过链接社区安装扶手工具两套及两名专业人士成为社区志愿者，为 30 户 70~85 岁长者安装居家安全扶手。经过多方咨询，社会工作者积极协调并利用社区现有资源为社区服务对象营造居家安全生活环境。为社区服务对象营造居家安全环境工作完成后，社会工作者每隔一段时间就对服务对象进行回访，了解其对居家安全扶手的满意度和使用情况，以及是否达到了预期效果。

社区内一部分老人独居在家，居家安全问题不容小觑，且老年人群体在社区较有号召力。对于社区内的服务对象，社会工作者也会进行定期探访，并对个案进行回访。

六、专业反思

社会工作者在开展社区活动过程中，运用了尊重、接纳、倾听等多种服务技巧，并与服务对象建立专业信任关系，静静地坐下来聆听服务对象的生命历程，给予服务对象心理陪伴、增加其生活乐趣，倡导社区居民参与社区照顾，形成邻里互助氛围。

通过此次活动社会工作者了解到，独居长者的生活处境不容乐观，居住环境简陋，并且存在居家安全风险，服务对象的子女对居家安全了解不足，忽视了老人晚年的生活状态。通过本次活动，社会工作者等五社联动实现了专业化、精细化，让独居长者生活更有幸福感，增强了社区居民的责任感。

只有驻村，才能让社会工作者对社区和居民有更深一层的理解。只有深度理解，才能为社会工作者提供持久的动力。社会工作者在开展服务的过程中，应注重发现问题及问题背后的根本原因。唯有找到问题的根源，才能更好地解决问题，实现可持续发展。

社会工作最重要的就是要和居民搞好关系，有同理心，做到“三同”，扎根社区，深入居民家庭，才能了解到居民最根本的问题。“双百”社工是民政领域社工，社会工作者的出现是为了投身基层，壮大基层力量，做好基层民政工作，使各项惠民政策和社会服务落实到位，打通民政服务“最后一米”。

点评

本案例通过“三同”模式，即与服务对象（如困难群体、弱势群体）“同吃、同住、同劳动”，发现服务对象在如厕、洗浴等时易发生跌倒、摔伤等居家安全风险，故决定为其安装卫生间扶手，降低服务对象跌倒、摔伤等危险事件的发生率。案例的问题来源于现实、服务于现实，高效及时地解决了服务对象的问题。

但依然存在以下两个问题：一是服务内容与服务目标、社会工作者角色分析有所出入，案例的主要内容并没有体现出社会工作者作为“心理陪伴者”角色的作用，也没有达到“邻里互助”的目的，这两方面的内容与“安装卫生间扶手”这一主要内容脱节，无法说明前两者与这一内容的关系。二是“价值中立”，案例并没有说明如何保持价值的中立，作者在开篇时说“社会工作者为服务对象提供服务，旨在增强服务对象的独立性而非依赖性”，社会工作者的服务是要让服务对象变得独立，其潜在含义是服务对象是依赖的，所以需要社会工作者的服务以消除或减少依赖。如果说服务对象是持“依赖”的价值，那么社会工作者显然是持“独立”的价值，而不是作者所谓的价值“中立”。价值“中立”是不可能的，但这并不意味着无能“尊重和接纳不同的价值观”，通过自我反思、换位思考可以做到“尊重接纳”“不评判”。